U0750359

编　委　会

（按姓氏笔画排序）

红色潮州

革命礼赞

中共潮州市委宣传部
中共潮州市委党史研究室　编
潮州市文学艺术界联合会

暨南大学出版社
JINAN UNIVERSITY PRESS

中国·广州

图书在版编目（CIP）数据

红色潮州.4，革命礼赞/中共潮州市委宣传部，中共潮州市委党史研究室，潮州市文学艺术界联合会编.—广州：暨南大学出版社，2023.9
ISBN 978-7-5668-3769-1

Ⅰ.①红… Ⅱ.①中… ②中… ③潮… Ⅲ.①革命史—潮州②诗集—中国—当代③散文集—中国—当代 Ⅳ.①K296.53②I217.1

中国国家版本馆 CIP 数据核字（2023）第 167533 号

红色潮州：革命礼赞
HONGSE CHAOZHOU：GEMING LIZAN
编　者：中共潮州市委宣传部　中共潮州市委党史研究室　潮州市文学艺术界联合会

出 版 人：张晋升
策　　划：黄圣英
责任编辑：冯　琳　颜　彦
责任校对：刘舜怡　黄晓佳
责任印制：周一丹　郑玉婷

出版发行：暨南大学出版社（511443）
电　　话：总编室（8620）37332601
　　　　　营销部（8620）37332680　37332681　37332682　37332683
传　　真：（8620）37332660（办公室）　37332684（营销部）
网　　址：http：//www.jnupress.com
排　　版：广州市新晨文化发展有限公司
印　　刷：深圳市新联美术印刷有限公司
开　　本：787mm×960mm　1/16
印　　张：42.5
字　　数：631 千
版　　次：2023 年 9 月第 1 版
印　　次：2023 年 9 月第 1 次
总 定 价：180.00 元（全四册）

前言

习近平总书记强调“要把红色资源作为坚定理想信念、加强党性修养的生动教材，讲好党的故事、革命的故事、根据地的故事、英雄和烈士的故事，加强革命传统教育、爱国主义教育、青少年思想道德教育，把红色基因传承好，确保红色江山永不变色”。

潮州是承载红色记忆的革命老区，革命开展早，是全国最早传播马克思主义、广东最早响应五四运动的地区之一；革命时间长，从大革命时期到解放战争时期持续不断，影响重大。新民主主义革命时期，在中国共产党领导下，潮州人民为民族独立和人民解放而英勇奋斗，涌现了一批在潮州乃至全国具有较大影响力的革命英杰，他们从潮州走出去，汇入了全国革命斗争的滚滚洪流中，而周恩来、朱德、贺龙、刘伯承和陈毅等老一辈无产阶级革命家也都在潮州留下了光辉的足迹。中共潮州地方组织带领潮州人民艰苦奋斗、不屈不挠、一往无前、勇夺胜利的红色精神，是一笔宝贵的红色文化遗产。潮州全域都属老苏区，其中，饶平县属原中央苏区县，潮安区、湘桥区属广东省老区苏区，红色文化资源丰富，是一座当之无愧的“英雄之城”“红色之市”。

大革命时期，潮安和饶平的人民群众，在当地党组织的领导下，开展轰轰烈烈的革命斗争。1925年，在广东革命政府两次东征以及海陆丰农民运动的影响下，在东征军总政治部主任周恩来等的领导下，潮州的工农运动出现了新高潮。是年11月和翌年1月，中共潮安县支部（后扩展为特别支部）和中共饶平支部先后建立（不久成立县部委）。1926年2月，周恩来主持召开了东江各属行政大会，通过了各项提案决议，使工、农、商、学各界运动有了合法地位。从此，潮州革命运动在党的直接领导下蓬勃开展，地方党组织带领人民进行了艰苦复杂的斗争，活动范围广、革命道路曲折、坚持红旗不倒。

土地革命战争时期，1927年9月23日，周恩来、贺龙、叶挺等率“八一”南昌起义军进军潮州，潮安人民群众掀起轰轰烈烈的革命斗争，史称“潮州七日红”；10月7日，朱德率领南昌起义军余部按照茂芝会议的军事决策，“穿山西进，直奔湘南”，于1928年4月实现井冈山会师，在潮汕革命史上写下光辉的一页。起义军受挫撤出潮州后，党组织在极端险恶的形势下，以不屈不挠的精神率领工农革命军和赤卫队坚持战斗。

在中共东江特委的领导下，潮安县委和饶平县委成立并领导革命军队，开展武装斗争、实行红色割据。1930年底以后，在苏区中央局闽粤赣边特委的领导下，建立了潮澄澳（后为潮澄饶）、饶和埔诏县委，领导工农红军创建了浮凤根据地，成立了县、区苏维埃的革命政权。东江革命根据地不断拓展，与中央革命根据地和闽粤赣革命根据地连为一片。

全民族抗日战争时期，潮安和饶平党组织得到迅速的恢复和发展，在抗日民族统一战线的指导下，掀起了声势浩大的抗日救亡运动，在饶中地区建立隐蔽斗争的基点。潮澄饶党组织领导的抗日游击队，以江东佘厝洲为据点，坚持长期的敌后斗争，在极度困难的情况下，发展革命队伍，积蓄革命力量，开展敌后斗争，赢得潮汕抗日斗争的胜利。

解放战争时期，开展了对国民党反动统治的武装斗争，于1949年初建立了凤凰山根据地，进一步开辟了广阔的平原游击区，展开了全面的进攻，摧毁了国民党在潮安、饶平的反动政权。10月，潮州解放并在潮安、饶平二县分别建立军事管制委员会。

红色文化资源在潮州大地闪烁着耀眼的光芒，红色记忆应当世代流传。党的二十大报告明确指出：“传承红色基因，赓续红色血脉”，“用好红色资源，深入开展社会主义核心价值观宣传教育”。2023 年是贯彻落实党的二十大精神的开局之年。为深入学习贯彻习近平新时代中国特色社会主义思想，贯彻落实党中央和广东省委、潮州市委工作部署，以实际行动推动党的二十大精神在潮州落地见效，中共潮州市委宣传部、中共潮州市委党史研究室、潮州市文学艺术界联合会联合编撰比较系统且简洁明了、适合各文化层次学习的《红色潮州》丛书。

《红色潮州》丛书分为 4 卷：《红色潮州：革命先辈》《红色潮州：革命事迹》《红色潮州：革命遗址》《红色潮州：革命礼赞》。

《红色潮州：革命先辈》收录二十余位革命先辈事迹，对李春涛、许甦魂、谢汉一等早期革命工作者，洪灵菲、陈波儿等革命文艺工作者，黄名贤、王菊花等地下工作者的革命斗争工作进行了生动的讲述，展现出老一辈革命家、革命先烈及革命志士的崇高精神和优秀品质，描绘了一幅丰富多彩、跌宕起伏的潮州革命历史人物长卷，具有较强的感染力和深刻的教育意义。

《红色潮州：革命事迹》精选 11 个潮州历史上重大革命事迹，包括《潮州七日红》《茂芝军事决策会议》《潮安交通旅社：中央秘密交通线的重要交通站》等篇章，还原了潮州人民参与革命的重要史实，对于还原相关历史细节、厘清相关革命事迹在潮州乃至全国革命史的历史地位，以及完善潮州地区党史、中共党史都有一定意义。

《红色潮州：革命遗址》收录了党史地位较高、影响较大、较有代表性的 59 处革命遗址，并以大革命时期（1917—1927）、土地革命战争时期（1927—1937）、全面抗日战争时期（1937—1945）和解放战争时期（1945—1949）四个时期进行分类，简要介绍了每个革命遗址的史实、现状和保护利用级别，并结合图片进行展示。通过介绍潮州境内红色革命遗址，展现了新民主主义革命时期潮州的一系列革命斗争，反映了潮州人民不畏强暴、不折不挠的革命精神。

《红色潮州：革命礼赞》收录46篇歌颂潮州革命相关事迹、人物、旧址等的诗歌与散文作品。作者们从不同的角度切入，或抒情，或写景，或叙事，用自己熟悉的体裁、擅长的表现手法和生动的文学表达，歌颂了革命英雄对党、对人民无限忠诚，不惜抛头颅、洒热血的精神，以及为革命、为人民所作的巨大贡献。在文字的深情演绎中，流淌出一个个扣人心弦的红色故事，传承着绵绵不断的红色基因，直击人们的心田，是新时代潮州人抒写的红色革命礼赞。

凝心铸魂向复兴！在开启第二个百年新征程、全党开展学习贯彻习近平新时代中国特色社会主义思想主题教育之际，《红色潮州》丛书的出版，希望能让读者了解潮州革命斗争的光荣历史，为广大党员干部传承红色基因，发扬红色传统，学思想、强党性、重实践、建新功，奋力谱写现代化潮州新篇章提供文化支撑和精神动力。

编　者

2023年5月

目　录

星火燎原——土地革命战争时期（1927—1937）

抗日烽火——全面抗日战争时期（1937—1945）

浴血战斗——解放战争时期（1945—1949）

革命丰碑——新中国成立后红色纪念场所

人物造像——致敬潮州大地红色历史人物

红色曙光

大革命时期（1919—1927）

红色承百年　诗文传精神

李佳玲

诗文有很多很棒的地方，因为逝去的生命不再，但你将其写进歌里，镶进画里，嵌进诗里，这些精神就因为你，永远活在这个世界上。

在近百年前，青年们把浓缩的情绪化作短暂而猛烈的热度，燃烧自己的才华和热血，一点的火星相互吸引另一点，最终汇成燎原之火，从而成立了潮州社会主义青年团。而今旧址铺巷武祠坍塌已久，由于与其他建筑连片改造，几乎看不出原貌。只留下一扇长满青苔的门，墙上的泥砖一点点跌落，如同我们对于这场活动的记忆逐渐隐没。路过的人们不会因这么一堵破旧的墙体而驻足，甚至不会花费自己的宝贵时间观看。

枯黄的枝丫上暗藏的绿芽随着风翻动，几乎快盖住衰败的痕迹。我站在门旁，翻看充斥着高昂激情的诗文，温柔的风穿过堂屋吹散时代间的隔阂。不知名的花朵开在土砖的缝隙，将自己娇艳的脸庞献给太阳。一切都是那么美好。

我们所经历的每个平凡的日常，也许就是连续发生的奇迹。一百年前，外来侵略者带着尖利的武器，向我们的同龄人露出了其丑恶肮脏的嘴脸。人们柔软的身体被侵略者刺穿，带出炙热的鲜血，洒在世世代代生存的坚实土地上。侵略者将武器抵在无辜平民的头上，强迫他们用这片血肉养肥的土地种出硕大的粮食。当时之青年，只能奋起，用自己的肉体去面对染着鲜血的屠刀。物质的载体虽早已经消亡，但热血永存于心。这种热血使我无法张开嘴，无法向任何人诉说，只能将心中涌动的火焰，以笔倾泻于纸，虽不足十分之一，但足够引动人们深藏于心中的星火。

这个世界艰难而残酷。当今时代，风云变幻，下一场灾难也许永远不会来，也许明天就来。青年人应以诗文为武器，惊醒沉迷于和平幻想中的人，传承昔人奋斗之精神。他们用血肉相拼，折断侵略者的刀刃，让社会主义永为人知，那我们便以情感丰富诗文，记住他们的牺牲，走他们走过的路，体会他们的感悟，让社会主义在我们这代人的手中发出夺目的光。

我乘着诗文，领悟其中的精神，为昔日的悲惨遭遇伤痛，为吾国青年之奋起抗争而感动，为今日之美好生活欣慰和喜悦。青年时期，是人生的第一颗扣子。昔日之青年使社会主义这一观念在人们心目中留下深刻的印象，今日之青年更应该以诗文为形式，感悟传承前人精神。

雨后的土地泥泞，水坑一个接一个，雨滴落在我的肩膀，将浅红色的上衣浸成深红，如同昔人之血。耳旁传来居民热闹的生活声息，我背负着一切，走向前方，不再往后看。因为身后是无数个与我同样年轻的灵魂，同样炙热的心灵……

走进涵碧楼

吴毅然

在一个春暖花开的日子里，我怀着崇敬的心情参观了涵碧楼。

涵碧楼位于潮州市区西湖公园内，初建于1922年，是一座二层的小洋楼，坐西朝东，因其背靠西湖山青翠的山色，西临西湖碧绿的湖光，故得名“涵碧楼”。

涵碧楼是一座有革命历史意义的楼房。1927年9月23日至30日，中国共产党领导的八一南昌起义军进驻潮州。在这七天里，起义军帮助潮安、汕头、揭阳、澄海等县市人民建立了革命政权，点燃了潮州革命武装斗争的烈火。这七天，史称“潮州七日红”。当时，进驻潮州的起义军二十军第三师司令部就设在涵碧楼。

现在，我站在涵碧楼前，抬头一看，楼上顶部正中，雕塑着一枚红彤彤的五角星，它在阳光的照耀下熠熠生辉，似乎在映射着昔日那段峥嵘岁月。五角星的下面赫然写着“涵碧楼”三个飘逸有力的黑色大字，那是1965年，涵碧楼重建竣工后，曾经亲历“潮州七日红”的老领导，已是全国人大常委会副委员长的郭沫若同志故地重游后，欣然为涵碧楼题写的。

我通过一楼宽敞的大厅，沿着屋角的楼梯登上二楼，这里被布置成"潮州七日红"主题展览。整个展览由五个篇章构成："一、潮州工农运动的兴起""二、南昌起义进军东江""三、策应起义军进占潮州""四、潮州七日红""五、不灭的火种"。一幅幅图片，辅以简要的文字说明，让人明白了"潮州七日红"的历史背景及其过程。此时，我仿佛穿越时空，看到了八一南昌起义军向反动派打响的第一枪；看到了起义军一路南下迂回曲折的艰难困苦；看到了他们进入古城潮州受到百姓欢迎的热烈场面；看到了"七日红"期间，起义军帮助潮安工农大搞革命运动，不断组织暴动，成效卓著的事例——9 月 25 日，攻占洪巷，26 日围攻徐陇乡公所，同日，占领庵埠区警察署；看到了起义军在西湖山阻击战中英勇顽强的英雄形象，在竹竿山血战中视死如归的英雄气概；看到了后来起义军因寡不敌众而突围的艰难处境；还看到了潮州人民助力起义军的感人事迹：潮安商会为起义军筹集军饷，金中学生为作战起义军送水、送饭、搬运弹药，庵埠妇运骨干冒险掩护掉队战士等。

展厅里，设计人员别出心裁地设计建造了一个潮州城的标志性建筑物——广济门，并借助多媒体，模拟起义军在潮州城内与敌人激烈战斗的场景。这个场景十分逼真，让人身临其境。你看，牌坊街上炮火连天，枪声不断，而起义军仍英勇挺进。这时一颗子弹"嗖"的一声迎面射来，一位起义军战士不幸中弹倒下，这个场面惊心动魄，悲壮激烈。展厅的砖墙上，还挂着两个大橱窗，展览着十九件革命文物，其中有起义军的军装，标志物——红领巾，使用的武器，如步枪、猪仔炮、大砍刀，以及照明用的马灯、手电筒等。这些展品，让参观者零距离地感受到起义军的生活点滴和战斗精神。透过这些革命文物，我仿佛穿过岁月的长河，领略到刀枪主人的革命情怀，顿时感到热血沸腾，斗志昂扬！

虽然南昌起义军最后在潮州失败，但这一事件意义却是巨大的，它使潮州人民深刻地认识到一个道理：革命必须走武装夺取政权的道路。

多年来，曾经在这里战斗过的老一辈革命家，怀着崇敬的心情，故地重游，瞻仰涵碧楼，在这里抚今思昔，挥毫题字，寄情抒怀。1965 年，郭沫若不仅欣然为重建后的涵碧楼题写楼名，还深情赋诗一首："弹指光阴卅八年，潮安每在梦中旋。楼台倒映涵虚碧，旗帜高扬似火燃。一夕汤坑书附羽，千秋英烈血喷烟。今来重到金山望，日月更新别有天。"1979 年，粟裕大将重访涵碧楼，回忆当年突围脱险往事，心潮澎湃，充满激情地写下一首词《竹竿山头望》："南昌风雷震大地，潮州七日红南粤，碧血洒韩江，激流汇井冈。重来已过半世纪，地覆天翻今非昔。竹竿山头望，无限好风光。"

我参观完"潮州七日红"主题展览，走出二楼的阳台，往左边一看，楼下的木棉树虽历经苍霜，但仍高大挺拔，枝丫伸展，蓓蕾初绽。据说这棵木棉树已有几百年的树龄，当年来潮州的周恩来同志曾经在这里演讲，向广大群众宣传革命思想。现在，在木棉树下，管理部门用花岗岩砌起了一米来高的花圃，花圃上，两幅褐色的石浮雕艺术地再现了当时那激动人心的演讲场面，此时我仿佛也聆听到周恩来同志那抑扬顿挫、充满斗志的声音。木棉如有灵，应知当年情。

我的目光移向涵碧楼的右前方，那里竖起了一块硕大的蜡石，上面书写着四个红色大字"潮州在望"。这四个字是 1997 年 1 月萧克将军重访涵碧楼，回忆当年百里急行军途中见到的鼓动性标语而挥毫写下的墨宝。

"青山遮不住，毕竟东流去。"中华大地，一统江山，这是伟大的光荣的中国共产党正确领导的结果，也是无数革命先烈抛头颅洒热血换来的。

此时，我的目光不由自主地转向涵碧楼南面的一组人物塑像：周恩来、贺龙、朱德、叶挺、刘伯承、彭湃。这些人就是直接领导南昌起义或参加"潮州七日红"的革命家，塑像栩栩如生，气宇轩昂，信心满满，我默默地向他们致敬，并随口念出几句话，以作纪念：

今上涵碧楼，忆昔烽火稠。
潮州七日红，青史垂千秋。

目前，涵碧楼是广东省文物保护单位、广东省爱国主义教育基地、广东省中共党史教育基地。我相信，在新时代，它必将焕发出更大的教育功能，成为传承共产党人的精神血脉的物质载体，激励人们迈进新征程、奋进新时代。

一缕桂花香飘百年

——访革命故址三饶林氏试馆

巫晓玲

从饶平黄冈镇出发，上大潮高速，一路向北，沿路可见梅花盛放如雪，在这样一个阳光美好的冬日，我们来到了位于饶平县北部的三饶镇。

三饶镇是饶平的老县城，古称“饶城”。镇里古迹众多，有全国最大的八角客家围楼道韵楼，还有城隍庙、孔庙、双流寺、拍破鼓等奇特古迹。而三饶镇也是革命老区，这里有饶平县第一个乡农民协会旧址五芝轩，有饶城新学生社、青年抗敌同志会旧址孔庙，还有我们今天要参观的中共饶平县第一个党支部的诞生地——三饶镇“林氏试馆”。

这是发生在百年前的故事。1921 年，伟大的中国共产党成立，学生运动和工农运动迅猛发展，许多进步青年纷纷加入革命队伍。当时在潮州读书的林琮璜、林鲁山、詹养泉等饶平人加入了“旅潮学生会”，他们暑假回乡时就住在林氏试馆。他们在群众中积极宣传“反帝抗侵”爱国主义思想，秘密组织成立了饶城学生会。1925 年，他们在外地加入了中国共产党，并先后回到县内各地领导工农运动。在中共潮梅特委的领导下，1926 年 1 月，中共饶平县支部在饶城林氏试馆成立。林琮璜任支部书记，支部党员还有黄世平、詹天锡、杨沛霖、林逸响、詹宗鲁等五人。革命的种子从此播下，革命的星星之火在此燎原。

从镇政府大门出来向左，就进入了东巷，巷子四通八达，两边的民居保存较为完好，不长的一条巷子里，竟有几座祖祠。带我们参观的镇文化站张同志告诉我们，三饶镇有七十八个姓氏，一百多座祠堂，我们要去的林氏试馆，就属于林厝祠，建于清代，原为一民居小屋，当年到县城参加考试的林氏子弟就住在这里，所以叫“试馆”，后来还曾作为拳馆。现当地政府正在规划修复建设。

说话间，一座红墙、黄琉璃瓦的古朴辉煌的祠宇出现在我们面前，这就是林氏宗祠了。张同志将我们带到祠堂的东侧，只见一块空地前竖立着两块宣传板，上面是关于林氏试馆的历史介绍以及当年试馆的照片。从照片看，那是一座白墙灰瓦的潮汕民居，土木结构，外墙石灰已部分剥落，露出砖块，很是破败。因年久失修，破损严重，曾经的林氏试馆已不复存在，如今只留下试馆正门前面的几级石阶，以及杂草丛生的一块厝地，让人感慨。

怀着敬仰之心，我们踏上当年先辈们踩过的石阶，走上那片红色的土地，遥想当年，一群血气方刚、意气风发的新青年，怀着满腔的爱国热情，就是在这普通简陋的民居里，开会讨论，策划宣传，组织群众。他们眼神明亮，信念坚定，年轻的脸上洋溢着革命的朝气，那场面是何等慷慨激昂，激励人心。就是在这间小民居里，林琮璜等人组织领导了“抗侵略、抵日货”“反贪官、革污吏”等学生、工农商群众运动，同时积极地发展党员。在他们的努力下，从支部成立的 1 月到 6 月，短短半年时间，全县党员由原有六人已增至十八人。而到了下半年，中共饶平支部在工农运动中又吸引了一批优秀骨干入党，队伍不断壮大。林氏试馆就像一颗火种，星火燎原，革命之火越燃越烈。

张同志指着正在修缮的林氏试馆介绍说，1927 年八一南昌起义后，主力在潮汕地区失败，毛主席的胞弟毛泽覃带着三十多名失散的起义军战士来到这里休整，两天后便被朱德军长派来的人带往茂芝，参加了由朱德主持的著名的茂芝军事决策会议……

离开了林氏试馆，我们来到隔壁的林氏宗祠。宗祠右侧立了一块石碑，上书“中共饶平县党支部旧址”，大门右边墙上则挂着“饶平县农民协会旧址”的牌匾。一进祠堂朱红大门，就闻到一股幽香，香气来自天井里两株茂盛的桂花树。小小的桂花隐在密叶之间，素雅高洁，香气沁人心脾。“双桂家声远，九龙世泽长”，所以林氏宗祠也叫“双桂堂”。

林氏宗祠管理人林伯看到我们，很是热情，带我们参观这座已被饶平县人民政府列为县级文物保护单位的祠堂。林伯指着墙上的图片一一为我们介绍，从语气里能听出，他很是为林氏一族人才辈出、林氏宗祠成为红色革命教育基地而自豪。

林伯请我们坐下喝茶，在茶香和花香的氤氲中，他告诉我们，毛泽覃在林氏试馆只停留了两天，当时朱德正驻军茂芝，起义军第二十军第三师教导团参谋长周邦采带部队从潮州突围，赶至茂芝和朱德汇合，那时，朱德他们才知道潮州起义失败、毛泽覃等人正在饶城隐蔽。很快，周士第就派军需主任周廷恩到饶城，将毛泽覃接到茂芝，尔后分配在第二十五师政治部工作。离开潮汕地区后，毛泽覃率领队伍继续战斗，转战于闽赣边界的崇山峻岭。1935 年，在瑞金，他率领的部队遭到了国民党军队的埋伏。为掩护队员，毛泽覃英勇牺牲，年仅三十岁。

林伯生动的讲述，好似把我带回了那段烽火岁月，让我心潮澎湃不已。

离开的时候，我又嗅到了淡淡的桂花香。

工农齐心　红日升空

苏新宇

扶轮堂——潮安第一次全县农代会、工代会的举行地，位于潮州市湘桥区太平路英聚巷20号，是英才荟萃与人杰地灵、山清水秀之地。仁人志士于此共襄国是。时至今日，扶轮堂仍矗立着他们为了信仰而战的不朽丰碑。

犹记“卢沟桥事变”之后，抗战全面爆发，时于广州中山大学读书的共产党员钟骞回到潮安，与从北京回来的党员同仁杨家龙携手组织“潮安青年救亡同志会”，而会址正设于英才荟萃的扶轮堂。“为有牺牲多壮志，敢教日月换新天。”正是书生意气的青年英杰归乡将同乡群众的使命与责任扛在肩上，团结群众带来红色的种子，为宣传共产主义理念、赤化潮州作出了不可磨灭的贡献，正是彼时的共产党人令红日升空普照一方厚土。正如那迎风飘扬的旗帜上的镰刀与锤子的联合，象征着海滨邹鲁之工农人民与各界人士终在共产党的领导下联合起来，为打倒落后腐朽的旧社会、为建设红色祖国而卧薪尝胆，苦心孤诣，呕心沥血地奋斗。

瞻仰扶轮堂与西湖涵碧楼等革命遗址，伫立烈士墓前，目睹沧桑巨变，心灵怎能不受到震撼，思想怎能不得到升华？我定将永远铭记那段革命之历史，过去，现在，将来永勿忘。那时先烈在雷电风雨里挺起胸膛向前方，向着彼时黑夜里唯一亮着的一丝烛光前行，将使命与责任扛在肩上，为解放全中国，为解放全人类，奋力实现强国之梦，我们更应该永远铭记那群为点亮红日曙光而无畏牺牲、大勇大毅的共产党员。

中国现今的前路有几多险阻，几多重嶂？而身处繁华安逸的现代都市，也许，我们有时忘却了当年的战火纷飞、血雨腥风，忘却了我们身处的泱泱大国是由多少英雄的血与汗与泪浇筑而成的；也许，有时我们沉浸在今日的安逸生活中，认为这些都来得那么理所应当；也许，有时我们不惜锄禾苦、浪费粮食，不曾记得当年红军长征时只能以树皮草根为食，饥肠辘辘以致贻难；我们畏惧磨难，忘却了当年的先烈们经历了多少的苦难险阻，他们行走于沼泽地，翻越一座又一座雪山冰地，在枪林弹雨中守护着风雨飘摇的中国。今天，现代社会优越的环境，目眩神迷的网络游戏，动感劲爆的流行音乐，时尚前卫的服饰，都散发出迷人的诱惑气息。然而，我们是不是就这样被这股物欲洪流冲昏了头脑而娱乐至死呢？不，那样只会辜负万里河山的每一寸土地上所承载的烈士们的英魂。

“为什么战旗美如画，英雄的鲜血染红了它；为什么大地春常在，英雄的生命开鲜花。”一寸山河一寸血，革命先烈舍弃了幸福，舍弃了生命，换来了祖国的未来与我们的未来，他们不应该被埋在历史与烟尘中。他们用满腔的热血洗刷了祖国近代的屈辱，用铮铮的铁骨铺筑了自强的道路。他们的精神应该熔铸在我们的血液里，时刻鞭策我们不断前行！

在革命年代，多少青年奋勇而起，披上戎装，同侵略者拼杀；多少青年毅然回国，加入革命队伍，把毕生所学与青春乃至一生都奉献给了祖国。

回望疫情之下，钟南山披甲挂帅，率领医护队驰援武汉，抗击疫情；再看身边的抗疫英雄，武汉呼援，他们不迟疑，立遗书，备行李，宣誓言，赴逆行，保国安民，鞠躬尽瘁。

我们看到“90 后”和“00 后”青年成为这场战役的主力，他们将来势凶猛的疫情抵挡在身前，一些甚至用自己的热血与生命守护了我们，他们没能等到“春风拂柳燕归来”的时刻，却守住了自己的阵地，守住了我们的春天，那我们，又有什么理由不去珍惜呢？在灾难中奋起，在哀思中前行。这是对英雄和逝者的最好告慰，也是对灾难和创痛的最好铭记。感恩先烈，大学生当不负如此盛世而力争成为国之栋梁。

世事苦多辛，归期亦未至。当我们迷茫时，不妨访寻红色足迹，感怀那群为万世开太平的民族脊梁，便会始终坚定地相信："红色运动在人世试炼的终点是花开万里，愿你以渺小启程，以伟大结束。"是以一切的艰难困苦不过是玉汝于成的资粮，星星之火可以燎原，又何必停杯投箸不能食，拔剑四顾心茫然。青春之成长当如红色革命先烈与信仰者般烈阳高照，或和暖众生，或普照尘世，恣意喷发芬芳韶华之朝气。

革命先烈以血与泪与汗奋斗方有如今供我们成长成才的幸福和平世界。因此，不妨向那群于扶轮堂内为人民立命、立德、立心之信仰者敬礼；向那群令海滨邹鲁工农齐心，红日升空，潮州赤化的共产主义战士敬礼；向那群坚信虽千万人吾亦往矣，怀着革命理想不让青春蹉跎的信念者敬礼。

正如《马哲有点甜》里吟咏的那样：

眺望广阔山河
胜利还未夺得
帝国主义闯进我们山河
是你让我看见阶级战士为工农斗争
是你让我想要每天为红军唱首赞歌
……
马哲坚定着人民的选择
是你让世界转眼从那刻变成鲜红色
是你让我生活从此总要马哲来配合
社会积极来建设
我是布尔什维克
建设我们社会主义祖国
……

你是纳萨尔起义春雷的共产同盟者
我在喋血香榭丽舍大街的巴黎公社
人民怎能被压迫
红军解放劳动者
用鲜血铸造人民的祖国
你在冰海千丈绝不倒下的列宁格勒
我在拼死捍卫钢铁碰撞的库尔斯克
果实绝不被篡夺
打破反动的封锁
成功建立我们红色祖国
我曾跟随工农红军长征万里至陕北
你可记得东京大学蓝天飘扬的芳菲
就算江山已昨非
投身革命为人类
为最初的选择献身无悔
你看历史浩瀚长河中一片红星闪烁
我愿永不放弃心中那团革命的烈火
旌旗十万斩阎罗
再唱一曲国际歌
建设我们社会主义祖国
让那剥削者的罪恶花落

眺望祖国大好河山，彼时的革命先烈还未完全夺得对抗资产阶级的斗争胜利，丧尽天良、狼子野心的日军闯进我们国家，当此之时，革命信仰者联合起来为人民而战，寄托着人民希望的红军代表工农反抗帝国主义的入侵，那段可歌可泣的抗战岁月里，人民为红军创作了无数首赞歌，颂扬了阶级战士的勇武与坚毅。于红旗下成长的我们必为坚定马克思主义信仰而实践，为建设社会主义祖国而不懈奋斗。我曾走遍那段红军长征万里至陕北之红色之路，仍记得纵使在东京大学亦有先进的知识分子于蓝天下宣传革命，纵使现今之江山已非昨日之江山，但为人类而投身革命、无悔于最初的选择的革命先烈们定当永不放弃心中那团熊熊燃烧的燎原之火。正是共产主义者抱着“取义成仁今日事”之心，方有今日“人间遍种自由花”之繁华世。

百年前嘉兴南湖一艘小船上的青年人笃信星星之火，可以燎原。若没有这群青年一般的革命先辈高举理想的红色火炬点亮祖国前行之路，祖国的崛起与复兴必将于黑暗中沉寂而难以实现！而今品尝了他们以生命培育的果实的人，是我们。需要去做些什么以不辜负他们的牺牲和奉献，不让后人嘲笑他们的牺牲奉献是无用功的人，是我们。当代青年定会接过并高举先烈们薪火相传的红色精神火炬世代相传，亘古传承，不负韶华。

书斋里飞出沧海雄鹰

郑婵美

2019 年参与编写《饶平印记》时，我领到了海山镇各行政村的采写任务，当翻阅到石头村的资料时，“三味书斋”这醒目的四个字跃入眼帘，当时我的心便激动得扑通扑通地跳起来，莫非，这三味书斋与鲁迅先生所写的《从百草园到三味书屋》有什么渊源？鲁迅先生笔下的“三味书屋”，其塾师寿镜吾次子寿洙邻曾解释说：“三味”取自“读经味如稻粱，读史味如肴馔，读诸子百家，味如醯醢（音希海，即醋和肉酱）”的古语。其大意是：读四书五经之类味如吃米面，是食之本；读史记味如喝美酒吃佳肴；读诸子百家之类的书，味如酱醋（好比烹调中的佐料），以三种味道来形象地比喻读诗书、诸子百家等古籍，实在饶有趣味。

等到我细阅资料，方才知道，原来“三味书斋”是海山第一个中共党支部的所在地！鲁迅先生笔下的三味书屋和海山镇石头村的“三味书斋”都是一处读书受教的地方，都是孕育革命火种的地方，不同的是一个在浙江，一个在广东，相隔几百公里远的两个地方，因了同用“三味”二字而让人产生了联想。

2021 年 2 月，在接到潮州市文联关于“潮州映日红——潮州市红色文化题材文学创作活动”的通知后，源于一份情结，我毫不犹豫地选择了采写“三味书斋”。挑了一个周末，在海山镇文化站原站长朱鉴舟的带领下，我们到了石头村。村中有一条长长的村道叫书斋路，沿着书斋路走到转角处便是“三味书斋”，过去书声琅琅的书斋，现在已经荒废惨败不堪，部分墙壁倒塌，小庭院里长满了杂草。看到眼前的“三味书斋”，失落感充斥了我的心。

村书记介绍，“三味书斋”始建于清朝道光年间，坐北向南，为砖木结构，建筑面积232平方米，建筑格局为一厅两房，一个天井，左侧巷一厅两房，东面有个门楼亭，进来又有一个大圆门。土改时期，书斋被分给了几户村民居住，后来有部分被收回，但因年久失修，成了现在的情状，虽然村里有心修复，可是承担不起这么大一笔的资金支出，心有余而力不足。

时间回溯到1927年初，出生于海山镇石头村的徐海（即徐观澜，为躲避国民党的追捕曾化名周朝）奉组织命令回海山组织农会，任农军队长。同年夏，徐海在海山镇石头村“三味书斋”建立海山第一个党支部并任支部书记。海山第一个党支部隶属中共澄海部委领导。当时，石头村还有徐鸿音、徐维蕃、徐昭武3人入党，参加支部工作。之后，石头村农会和农军在海山党支部的领导下，经常进“三味书斋”、下徐馆、福和闲间集结，开展秘密活动。9月，接中共澄海县委指示，为策应南昌起义军下潮汕，石头村农军（后改为赤卫队）一面筹集武器，一面夜间分别到黄隆渡口、雨亭等主要路口张贴革命标语，散发传单，开展政治攻势，使国民党当局坐立不安。年底，饶平县署下令通缉徐海，查捕革命人员。徐海被迫转至大南山，其家被勒索去“花红钱”300块光洋。至此，石头村赤卫队转入隐蔽斗争。1929年间，徐海重返石头村，恢复党支部和赤卫队组织。

1931年6月，徐海奉闽粤赣军事委员会主席邓发的派遣，带警卫员王五保前往江西中央苏区，向中央革命军事委员会领取一批武器。徐海抵达江西兴国县古龙岗，见到项英、任弼时、王稼祥、叶剑英、左权等同志，由总供给部部长杨至诚发给枪支款项后，踏上回闽西的归途。是时，由于国民党对共产党人发起第三次“围剿”，他们在烈日下急速赶路，至瑞金时，徐海不幸患上痢疾不能走路，遂雇人用担架抬了两天，至福建省四都时，经同行的中央军委秘书长欧阳钦与地方医院联系，将他留下就医。是年 8 月上旬，徐海因医治无效不幸逝世，年仅 24 岁。

徐海将自己的一生献给党、献给国家，无妻无子。为了纪念他，他的亲人为其过继了一位儿子，在他儿子家里，至今保存着不少关于徐海同志革命事迹的珍贵资料。正是这些革命先烈以他们崇高的革命精神与顽强的意志，以及无私的献身精神从事革命，才有了我们现在的和平生活环境与幸福。

缅怀革命先烈，传承红色精神。徐海的后人秉承了他的革命精神，用自己微薄的力量，在石头村里带头做着公益事业，山上的绿化种植，有他流下的汗水；村民有困难时，尽管自己的经济并不富裕，但他总在第一时间伸出援手。现在，他最热切希望的是“三味书斋”能再次传出朗朗的读书声，孕育出更多国家栋梁，长长的书斋路上，再度泛起书香。

涵碧楼：深处的力量在时代中

——南昌起义军二十军第三师司令部

阮雪芳

○
○
○
○
○
○
○
○
○

碧波含育你的风姿
青山屹立你的身影
多少次梦回，历史依然激荡着
炽诚的歌唱
铁马冰河，夜阑卧听
风在书写，雨在倾诉
风雨锁着的心
深处的力量在时代中

仿如最初一瞥
这一片时光辽阔
你站立在那里
如星辰聚于粤东之腹
古朴，神圣，庄严

铁的风暴，意志的使命
跋涉过的山水葱茏
有些石头仍在仰望星辰
有些花朵仍在述说火焰

历史冰霜封冻的寒夜
暴戾，黑暗，割裂，失却
谁在酝酿，谁在守护
谁将祖国的密码藏匿心中
1927 年南昌起义
打响了第一枪
山河奔涌怒吼，冲破千岩万壑
高蹄战马升腾，踏破漫漫长夜
流动的星火涌向四面八方

南昌起义军二十军第三师司令部
炽热的力量从这里迸发
周恩来、贺龙、叶挺、刘伯承
一个个闪光的名字
在破晓前显得耀眼而非凡
光明与忠贞，呼唤和捍卫
七日红照亮了英雄的木棉
也点燃了大地的动脉
史诗般的进行曲磅礴万里
木棉见证，青山见证
湖水也见证
你噢吹角连营，明月饮露
生命的纹理轻于无形

真理之光，祖国之爱

和整个春天合而为一

纪念的尺度

足以在时空里重获一次力量的飞翔

2021 年 2 月 17 日

战地书声

——记中共饶和埔浮山区委及交通站西泉公书院

陆　森

一九二五年，大革命如火如荼，革命思想传播，湖岭书声化作怒吼；一九三〇年，中共饶和埔县委成立饶和埔第二区，机关设于西泉公书院，同年，建立革命第二交通站……二〇一七年，湖岭村被纳入省“红色村”党建示范工程，西泉公书院设立示范展览馆和红色大讲坛。

——题记

穿过重云
阳光慨而慷
峰峦层叠攀登
冲进清晨的书声
流火步步耕耘
原野朗朗
西泉熠新辉
蔚蓝澎湃激情

以青春梅雪锻造
一个个希望的故事
春天里，热血中
泉卷叶舒
这里恣意诉说

大地坚实，杨柳飞扬
这片忠诚的饶平土地
每一块被岁月侵蚀的沙石
斑驳光影掠过
都有父辈不屈的脉动
滚烫的血液
火炬燃烧，苍山代言
这光荣的红土地
百年沧桑
一角青山消融
流水潺潺汇聚英雄史诗
刚峰铸就不老的丰碑

推开厚重柴门
夜空穿越回到硝烟年代
我风尘滚滚的灵魂
笔墨投下换枪戈
旌旗热血飘扬
听，子弹呼啸而来
看，铁马冰河，号角铮铮
天寒地冻粉碎自己
粉碎敌人

星光一点一滴
坍塌又绽放
平原倒立苍穹
以雄鹰视角
傲视淬遍战火的残刀
血肉之躯揉入墙体
巍巍群山崛起
我不知道未来会如何
但我相信人民就是一切
我们的奋斗定能逼退乌云
亿万雪豹迸发的锐气
刺破重重铠甲
生存力量莽莽涌动
必是无穷无尽

梦回红色故乡
历史从未荒芜
翻开层层史志
书院自千古来
这里曾经书声朗朗
这里曾是枪影连炮声
这里现在平静如夜
河流澄澈向东
正用当下奋进
回应战地声声

2021 年 2 月 20 日

火烧成今天幸福的样子

余有淇

广场上
我想象是火烧成了今天幸福的样子
在潮州西湖
湖山不墨，像画一样美好
清晨的阿公的太极拳
阿嫲的广场舞
一张张披着阳光的脸
我也开心得像一颗晒红了的枣儿
恨不得钻进爸爸的口中
让他给我讲一讲这里的故事

于是爸爸沉默了
说小时候第一次来西湖
是元宵
红红的花灯真美

我就问是不是红红火火的
很热闹
爸爸笑了笑
说起了 1925 年的中国
还有好多历史书上的人物
罗茄觉夫、周恩来、邓颖超……
这广场上
他们拿着火柴，点亮了潮州
好多好多的故事

我听得入了迷
这西湖公园广场上变得更明亮了
想着 1925 年的那个晚上
全城的民众提着灯笼
庆祝国民革命军东征大捷
那段历史
那些人
用火烧成了今天幸福的样子

星火燎原

土地革命战争时期（1927—1937）

茂芝　铸就丰碑的土地

陆利平

初夏的天气，仍有春寒料峭的感觉，又下着细雨，寒风乍起，令人觉着寒意一阵紧似一阵。

站在茂芝全德学校墙上挂的朱德、周恩来、陈毅等老一辈无产阶级革命家的像前，听着讲解员那饱含激情的讲解，凝视着玻璃橱里朱德同志赠送给当地游击队的步枪，端详着朱德同志使用过的煤油灯，还有那八仙桌…… 我的眼前浮现出穿着灰布装、系着红条巾的起义军将士聚集在这里开会的情景。我不知道那天的天气有无刮风下雨，但我想，起义军一定缺衣少装，生活艰难，更重要的是，他们要随时冒着被敌人发现的危险，随时都有可能抛头颅洒热血。

然而，他们不畏惧。1927 年 8 月 1 日，根据中共中央的决定，以周恩来为书记的中央前敌委员会领导北伐部队 2 万多人，举行南昌起义。这打响了工农武装抗击国民党反动派的第一枪，开创了中共独立领导革命武装斗争和人民军队的历史新时期。南昌起义后，朱德率起义军第九军教导团和第二十五师 3 000 多人经历三河坝战役后，于 10 月 5 日撤退至饶平上饶的茂芝。次日，获悉起义军主力在潮州失败的消息后，部队官兵思想受到影响。敌人又集结了四五万人企图一举歼灭我军，部分战士军心浮动，队伍随时有自我瓦解的危险。

在与前敌委员会失去联系，周围又是国民党重兵堵截，部队随时可能被围歼或自行解散的严峻处境下，旗帜怎样撑起？部队向何方而行？革命的星星之火如何保存？朱德同几位领导干部商议后，分头到部队召开党员和部队骨干会议，做好指战员思想政治工作，初步稳定部队情绪。带着一系列的问题，在饶北山区这个小镇上的全德学校——这一间土木结构平房，占地面积135平方米，建筑面积只有81平方米的毫不起眼的乡村私塾里，日后的开国元帅、一代将才——朱德同志主持召开了团以上干部军事决策会议。

他们当中除了朱德之外，还有日后成为共和国总理的周恩来，获授元帅军衔的陈毅等。但在那时，他们正在摸着石头过中国革命这条大河。令人欣慰的是，会议决定继续高举南昌起义的旗帜，保留一支成建制部队进行武装斗争，并作出"穿山西进，直奔湘南"的重大军事决策。后人对这次会议给予了极高的评价，认为如果没有这次会议，就不可能有井冈山的朱毛会师，如果没有朱毛会师，中国革命的历史将会改写。

在那个腥风血雨的年代，一支只剩两千多人的义军队伍，扛着落后的武器，忍饥受冻，浴血奋战，正是有着这种不屈不挠的英雄斗争精神，中国革命才最终取得胜利，中华民族才能获得解放，他们的丰功伟绩真可谓是日月同辉。

啊，茂芝，一块铸就丰碑的土地！

怀着崇敬的心情，我参观完了全德会议的全部内容。不知什么时候，风停雨歇了。太阳露出了笑脸，温暖了一地生灵，也温暖了我的心。

为了纪念全德会议在革命历史上的贡献，饶平县委、县政府投入近千万资金在全德学校附近建设起全德会议纪念馆（朱德纪念广场）。纪念馆是一座贴着琉璃瓦的两层楼建筑，显得古朴庄严，最吸引人的是正面两幅大型棕红色浮雕：右边是"麒麟岭送别"，左边是"井冈山会师"，显得庄严伟大。

"麒麟岭送别"记录的是全德会议之后，朱德率南昌起义军离开茂芝，县委书记杜式哲和县委委员詹前锋等到麒麟岭送别起义军的情景。临别时朱德送给饶平县委步枪十二支、白马一匹，留下二十多名伤病员和一百块光洋作为伤病员的医疗费，詹前锋组织村里的群众将伤病员领回家中精心护养，伤病员康复后返回部队。“井冈山会师”描绘的是起义军从茂芝离开后，在朱德的领导和陈毅的辅佐下，走过了迂回曲折的道路，冲破了无数艰难险阻，经过了大庾的整编和湘南的暴动，队伍不断发展扩大。起义军宛如一股汹涌澎湃的激流，穿过逶迤的深山峡谷，终于汇入了咆哮奔腾的汪洋大海，在 1928 年 4 月下旬与毛泽东领导的秋收起义军部队在井冈山会师了。朱毛二人于井冈山胜利会师，两位巨人的手紧紧握住一起，砸碎了一个旧世界，撑起了一个新纪元！

出来时，刚好遇上茂芝村党总支詹书记。从詹书记的介绍中，我知道了在起义军的影响和带动下，当地成立了游击队与敌人进行了艰苦卓绝的武装斗争。茂芝人民也为中国革命的胜利作出了重大的牺牲，在整个革命斗争中，有名有姓的烈士就有 46 人。这些先烈，有的将鲜血洒在本土，更有的将鲜血洒在大江南北。但他们的信念只有一个，英勇斗争，不屈不挠，解放人民，让后代过上幸福的生活。

是的，他们的鲜血没有白流，七十多年前，高高飘扬的五星红旗终于照耀了大江南北，人民当家作主，过上了幸福的生活。特别是改革开放以来，茂芝人民在上级党委政府的正确领导下，发扬“为有牺牲多壮志，敢教日月换新天”的革命精神，在发展传统农业的同时，开拓进取，坚持改革开放，敢于把市场经济的理念引入社会主义新农村建设之中，发展了日用陶瓷，并且将它们做强做大，建设自己美丽的家园。

詹书记自豪地说，现在茂芝人民的生活节节高呢。是的，放眼整个乡村，已不见低矮的民房。三至五层小洋楼鳞次栉比，村道宽阔，花果满园，村容整洁，汽车早已不是稀罕物了。更令人惊喜的是，每天有多趟固定的班车开往省城等地，这一个山村，她已经告诉了你什么是美好与幸福。

茂芝，正在铸造另一种丰碑！

红色世田寻胜

张勇利

早就听说登塘镇世田村是一处革命圣地，在红色文化资源丰富的潮汕大地亦别具一格。几经规划与蹉跎，世田寻胜之旅终于在一个春光明媚的日子成行了。

村庄隐秘，进村的公路一会在山谷中蜿蜒，一会在山腰里穿行，游蛇一般盘旋而上。路旁茂密的灌木丛和整齐的桉树林交错隐显，一川翠绿，满眼风光。山路本身已经十分弯曲、狭窄，行进数里突然又生出一条呈人字形分叉的小路来，若无路标指引，极易被忽略。我这才想起，多年前跟随同事前往大葫芦水库游玩时曾途经此地，当时小路尚未铺筑水泥，看起来很像是护林人常走的羊肠小道。万没想到这条小路竟通向一个美丽的村庄，通向一段可歌可泣的历史。

拐进小路，我惊喜地发现路旁是一条幽静的小溪，溪水清亮，斗折蛇行。溯溪而上，不多远便望见一座高大的红色牌坊屹立在道路正中。近前，瞧得分明：这是一座现代建筑，坊体呈“井”字形，坊楣上镶嵌一面鲜艳的军旗，旗脊上“中国工农红军第十一军”十个大字赫然在目。在浩瀚宏阔的中国现代革命史上，这支军队也许算不上显赫，但能够与中国工农红军第四军、第一军这些开天辟地的王者之师比肩而列，这本身就是一种巨大的荣耀，一个令人震惊的奇迹。牌坊左右两边是一副藏头联：上联“世说新语大地重光逐新梦”，下联“田着绿袍红旗依旧漫东风”，字体金黄，在阳光下熠熠生辉。

穿过牌坊，继续前行，沿途的路灯柱上鲜艳的红旗迎风招展，万绿丛中一路红，显得格外醒目。红色世田，历经岁月洗礼不仅没有褪色，反倒更加鲜明了。曲径通幽处，最先迎接我们的是竹林掩映中的烈士纪念碑，青色方尖碑庄严肃穆，仿佛在无声诉说那段血与火的荣光。旁边的小广场上，一条红色的长廊曲折迂回，似乎象征着艰苦卓绝的革命历程。长廊两侧镂空的窗花上镶嵌着一幅图画。一帧帧黑白的照片，一段段铿锵的文字记录着那段峥嵘的岁月。沿着长廊漫步，仿佛穿越了历史的风烟。

红十一军是土地革命战争时期，在东江各县农民自卫军的基础上建立和发展起来的一支军队。1930 年 4 月 10 日，按照中共中央指示，东江红军以所辖的三、四团为骨干，扩大为四个纵队，组建成立红军第十一军。同年 5 月 1 日，红十一军正式宣告成立。这是中共中央军委领导、编入正式序列的全国 14 支红军之一，从此东江革命根据地有了一支正规编制的革命队伍。军长古大存是广东五华人，1924 年加入中国共产党，先后担任中共东江特委委员、常委、军委书记，东江苏维埃政府副委员长，东江红军总指挥等职。他为什么会率领自己的部队来到这穷乡僻壤的小山村呢?

实际上，早在红十一军成立的两年前，即 1928 年 5 月，古大存组织五华、兴宁、梅县、大埔、丰顺五县工农革命军暴动之后，率队开创八乡山革命根据地，便来到处于潮安、揭阳、丰顺交界的边区乡村开展革命活动。1929 年 10 月，他带领东江工农革命军从揭阳来到潮安西北部山区活动，最先驻扎的就是世田村。然后，迅速发展到大葫芦、小葫芦、闪桥和锡坑坪等乡村。古军长选择世田村无疑是独具慧眼的，这里除了拥有隐秘的地理位置，还有着扎实的群众基础。他们一到来，世田村农会会长赖宝拱就组织了数十名村农会会员积极响应。赖宝拱引领古大存到宝德居家中住下，这里也成为红军机关的活动据点。世田村组织妇委会和少年先锋队广泛参加革命活动；农会和赤卫队积极帮助第二军区运送物资，配合东江红军作战，出击揭阳反动民团。1930 年 5 月 31 日（即红十一军正式成立的当月)，国民党政府揭阳军警从埔田路蓖来围剿世田村，妄图将这支刚刚成立的部队消灭在摇篮中。在山顶放哨的红军战士发现之后，鸣枪报警。红军 47 团团长李斌带领红军和赤卫队与敌人在世田村面前山与敌人发生激战，这就是有名的面前山之战。战士们用鲜血捍卫了这片红色根据地。可惜的是，我们来得不是时候，建于村中的红十一军纪念馆尚未开放，我们无法近距离观赏革命文物，感受这些实物中凝聚的沧桑味儿。

在通往红十一军军部的山路旁，树立着几块高大的铭牌，记载着这支英雄部队的战斗序列和战斗历程。为尊重历史，特实录如下。军长：古大存；政委：颜汉章，（后）吴炳泰；参谋长：龚楷，（后）严凤仪，（后）梁锡祜；政治部主任：罗欣然，（后）黄一沙，（后）徐锦惠。46 团：团长李明光，（后）李斌，（后）古宜权；政委吴学哲；副团长邓子龙。47 团：团长何侠，（后）洪楚才，（后）李斌；政委陈开芹；副团长陈云海。48 团：团长罗时彦；政委李光宗，（后）温仰春。49 团：团长彭桂；政委：黄强。50 团：团长刘光夏；政委唐天际，（后）陈俊。教导团：团长古宜权。

陈毅元帅《梅岭三章》诗云“创业艰难百战多”，这句话用在红十一军身上再合适不过了。在战斗历程一栏，我们看到了这样的记载：1929 年 10 月，狮子洋伏击战，智取什石洋，巧胜塘塔博民团，袭击饶洋上善，攻克大埔、海丰、江西寻乌、福建平和等地，大小战斗 40 余次，全部取得胜利。同月，有高砂之战，夜袭官塘圩，双头圩战斗，坪上之战。1930 年初，主要战斗有奇取云落，血战澄江，智取林溪，林招激战。6 月初，古大存、卢笃茂率红十一军及赤卫队，在五房山集中，分三路攻占新亨镇。7 月下旬，古大存率 46 团在居西溜飞鹅岭太平岭一带与敌人邓龙光师展开激战。1930 年 8 月初，46 团从铜鼓嶂出发，分路袭击沙田、坎头两乡村联防，攻破黄沙溪，再转回八乡山，击退第二次“围剿”。9 月，47 团攻陷揭阳棉湖。11 月，49 团与彭杨军校学员在大南山锡坑消灭敌陈中团的一部分，接着在海陆惠紫频频出击当地的团防队。48 团远征闽西，首攻永定县坑湖乡地主武装，大获全胜，接着攻克饶城，围歼新丰联防，攻打横岭。配合红十二军强攻大埔高陂。

粗略一算，红十一军的活动范围不仅遍及潮汕，更远至江西、福建，在方圆数百公里范围内纵横驰骋，给敌人以沉重的打击。其间大小百余战事，不仅有着积极的军事价值，更有着重要的战略意义。以三打潮安县城为例，虽然以失败告终，但它撼动和削弱了国民党在潮汕的统治。在中共东江特委领导下，红十一军以八乡山为中心的东江苏区根据地，在潮安北部乡村开展艰苦卓绝的革命斗争，与以赣南为中心的中央苏区互为犄角，使东江革命根据地成为闽粤赣边中央革命根据地的保护屏障。

山路蜿蜒向上。如今，这条路已经被开辟成旅游大道，一侧铺上了整齐的方砖，另一侧铺着表面粗糙的条石台阶，走在上面犹如足底按摩，完全是按照旅游景点的规格来打造的。路旁，仿木的水泥栏杆迤逦而行，栏杆外种满了杜鹃，看样子是新植的，植株规模尚小，但绿意茸茸，生机勃勃，假以时日，定然花事繁盛。随着高度增加，眼前的景致更加开阔，山坡上修剪得整整齐齐的茶园令人赏心悦目，微风过处清香阵阵沁人心脾。阳光倾洒下来，盈满整个山谷。我们不由得加快了脚步，希望早一步看到军部的真容。峰回路转，在一路红旗的指引下我们拐进一条小路，在类似森林公园的树林中穿行，身旁溪流淙淙，一路浅唱低吟。行走约莫四五百米，小路尽头一颗巨大的五星映入眼帘。近了，更近了，看得真切——原来这是一枚用不锈钢制作的巨型徽标，目测直径不下五米，用角钢固定在军部门口的岩石上。所谓军部，其实就是隐身在一片嵯峨石阵中的一个浅浅的山洞，面积不足二十平方米，石壁环伺，上方压着一块数百吨的巨石。洞中陈设极为简陋，仅有方桌一张、长凳一条。人在其中，腰不能直，在凳上坐下，方才能抬头挺胸。看着眼前的情景，实在难以置信，这支英雄队伍的心脏，竟然如此荒僻朴拙，然而正是在这里召开了无数次作战会议，也正是从这里发出了无数作战指令，顺着红色的毛细血管一样的革命网络，扎入粤东、赣南、闽西这片深厚的土地，引动了翻天覆地的变化。

在洞中稍坐片刻，我发现后洞仿佛若有光，钻出去，别有洞天，果然是一个可进可退的好地方。从洞中出来，这才留意到，山洞入口旁树立着一块造型别致的红色碑牌，白底金字，镌刻着一句语重心长的嘱咐：一切向前走，都不能忘记走过的路，走得再远，走到再光辉的未来，也不能忘记走过的过去，不能忘记为什么出发。此时重读此语，我真是别有一般滋味在心头。

下得山来，在宁静的小村里缓步而行。幢幢小楼拔地而起，座座老宅粉刷一新，家家户户墙壁上壁画鲜活，有的充满生活气息，有的则是满满的红色记忆。我在一家生产粿汁的作坊要了一碗咸水粿，认真品尝这“世田味道”，思绪迎着晚霞飞了起来。又想起村口的对联来，对“世说新语”一词尤有感触。显然，这不是指那本南朝古籍，而是直取本意：这个世界正在讲述着一个新的故事。心中一动，一副新联自然涌现：世说新语不忘本，田着新绿犹忆红。

星火燎原温子良

詹雪征

温子良村后山的林氏祠堂追远堂里，隐藏着一个秘密。

当年外公林黎幼小的心里，也装着一个秘密。

进出追远堂的那一群人，大路不走，走小路。白天不出门，晚上却人来人往。这些人，时而分散，时而聚合。他们既像农民，又不太像真正干农活的人。领头的那个人，文质彬彬，戴着黑框眼镜，年纪不大，倒像个教书先生。

1928 年的温子良，春潮暗涌。

外公当时就觉得很奇怪，领头的那个人也姓林，邻乡人，年纪轻轻的，不去耕作农田，不回家里帮工，他带着一群人，泡在这穷乡僻壤做什么？二十里以外的邻乡，在岭头山下，外公未曾去过。听说山下是个好地方，天外有天，一马平川，集市商铺，人山人海，摩肩接踵，热闹非凡。眼前这个出生在繁华地方的年轻仔，怎么成天钻到咱山沟沟里来了呢？

奇怪的人群，激起外公的好奇心。某一天，他假装寻找家中的老母鸡，像个愣头青一样，一头闯进了追远堂。

一群人似乎在开着会，领头的人正在布置着啥，一看闯进了陌生人，大家马上警觉起来。有人摸出了枪。

这群人居然有枪。

他的父亲和伯父居然也在这群人里边。

外公被大人们打骂着轰了出去。

嘴里嚼着麦梗的外公，不服气地坐在后山的山柿子树下，气嘟嘟地眺望着山下的崎岖山路，看着村里的乡亲们在田园劳作，抑或砍柴归来，望见了他的祖母和母亲正在田里忙忙碌碌地摆弄庄稼。

小小年纪，此刻的外公居然心疼起家中的女人来，为什么家中的男人不干活，家中的女人却这么勤奋？

他偷偷告诉了祖母，说了在追远堂见到父亲他们开会的事，还搞得神神秘秘的，不知道在干啥。

祖母赶紧拉过他，悄声告诉他说，千万不要跟别人说起父亲他们的事情，那些人都是好人，他们干的都是正事，天大的事。

外公心里开始装下了一个秘密。

小小放牛娃的他开始暗地里默默地帮忙站岗放哨。他默默地猜想着这群人，关注着这群人，他很好奇，这究竟是一群怎样的人呢？

外公眼中的父亲，不苟言辞，严厉，认真。这外乡的林叔叔就不一样，林叔叔是一个和蔼可亲的人，魁梧的身体，爽朗的性格，很有号召力。这群人是为了什么聚在一起呢？他们聚在一起要做什么大事呢？

祖母偷偷告诉他说，这群人是无产阶级革命者，是天底下最无私的人，是为天下穷苦人民说话做主的人。

外公知道，这些话肯定是从父亲嘴里说出来的。他发现，开明的祖母其实早就知道父亲他们做的关于正义、关于革命之类的事，而且知道这事很危险，但她顾不了那么多了。她相信自己的孩子，她经常假装不知道父亲他们干的啥事，却常常会为他们打掩护。

夜深人静，经常会有人来找父亲和伯父。他们经常半夜悄悄出门，偷偷聚集在后山的破旧祠堂，外人不让进去，那里堆满杂草和干枯树枝，荒废苍凉。聪慧的外公知道一切其实是假象，门口破破烂烂，是为了迷惑敌人。看着祠堂里每天都有人进进出出，有父亲、大伯、堂哥，还有许多人，像是个机关场所。外公透过窗棂望进去，里面人影绰绰，个个摩拳擦掌，英姿勃发。外公还发现，眼前这群人，说话头头是道，分析娓娓道来，有组织，有纪律，既像一个大家庭似的和睦，又如一支纪律严明的队伍般严肃认真。外公开始相信，这是一群能给人们带来和平和光明的使者。

外公心里默默决定，自己以后也要做一个这样的人。

8 月 10 日，凌晨。

温子良整个村子被重重包围了，敌人有备而来，荷枪实弹，把村子围得水泄不通。人影幢幢，危机四伏。

原来，狡诈的敌人半夜进了山，他们不走大路，绕道大木坳村道，跋山涉水，偷偷摸摸进了村。

火光中，人声鼎沸，鸡飞狗跳。全村的人都被驱赶到了围屋的宽阔地带，民团头子前来逐一认人。

跟着祖母站在人群中的外公心想坏了，下午的时候，他看见那个戴眼镜的林叔叔带着一大队人进山来了，当时追远堂门口还有人放哨，想起父亲他们今天神采飞扬的样子，应该是开会，会有什么行动。

可惜已经来不及了，整个村子已被重重包围，一只苍蝇都飞不出去了。

他眼睁睁地看着十八壮士被敌人抓走了。天塌了。

那是 1928 年。从 5 月开始，国民党反动派军队纠集地主民团，对饶平北部山区红色村庄进行疯狂扫荡，饶平的革命斗争形势十分严峻。

6 月，中共饶平县委机关转移至温子良村，县委机关就设在了追远堂，由林逸响任县委书记。同一个月，国民党军队“剿劫”石井、二祠、茂芝后，派重兵继续驻防坝上、茂芝，包围双善。上饶各乡的地主民团也经常派出密探，伪装为小贩、阉猪匠、理发师潜入双善，侦探县委驻地和武装力量。

不久，陈坑民团头子詹瑶探知县委机关驻扎在温子良后，随即向国民党驻军告密。

8 月 9 日晚，县委在乌石岗召开会议，会后大部分委员分头到各地传达部署工作，县委书记林逸响和委员詹锦云也急忙赶回了温子良村。深夜，茂芝民团头子詹耀南、詹凤秋带国民党军和民团400多人绕道大木坳，于10日黎明前将温子良村团团围住。8时许，寨门被砸开。随后，全村60岁以下的男人全被赶到寨埕集中，由民团头子詹耀南、詹凤秋逐人辨认。

林逸响、詹锦云和乡农会主席林发等18人被捕，押解坝上。他们受尽毒刑拷打，始终坚贞不屈。6天后，十八壮士被惨无人道的国民党军残忍地用铁线穿透手掌，押到饶城下狱，后又被辗转押解到大埔县城茶阳镇。9月11日，18名烈士全部遭到了杀害。群众痛心地称其为"温子良惨案"。

中共饶平县委机关驻地、"温子良惨案"发生地旧址位于潮州市饶平县上饶镇上善村永子良自然村后山坡，省道丰柏线西侧，连接民居。

那年，外公13岁。这场浩劫，令他快速成长为一名男子汉。

祖母带着他去邻县大埔，几十里的山路，深一脚浅一脚，风雨兼程，却未能见亲人最后一面。刑场上，已不见十八壮士的身影。街道静寂，风声鹤唳，只遗下血迹斑斑的场景，惨不忍睹。天色昏沉，不一会，大雨滂沱，无情的雨水冲刷着地上的斑斑血迹，整条街道，如同血色河流，奔涌不息。雨中，外公望着祖母铁青的脸庞。坚强的祖母，没有眼泪，心如钢铁。

眼看着血淋淋的景象，外公心中升腾起熊熊怒火，久久未曾熄灭。

那年的冬天，温子良的上空始终笼罩着乌云，风凄厉厉挟裹着树叶狂奔着，枯树上，乌鸦惨淡的叫声凄凉，寒夜里，冷冷的月色瑟瑟照着冷冷清清的池塘。

一把大火，把一座人们赖以生存的家园烧成灰烬。外公的祖母带着一家三个寡妇，戚戚然，何等凄凉，围楼被烧，居无定所，流落街头。

当敌人终于撤离，当颠沛流离的人们再一次踏上家园故土，眼前的景象让人凄然落泪。家园已成一片焦土。

昔日的温子良村山势陡峭，前可攻，后可守，山林茂密，树木高大，有许多野果山花、甘甜的山泉水，后山映山红漫山遍野，高高的板栗树浑身是刺，一不小心就会被弄伤了。坐落在半山腰的追远堂居高临下，看得到山下敌人行动和行踪，县委机关如同机动指挥部，易守难攻，敌人进山来了，摸不清情况，定不敢贸然行事。

这是一个红色革命村，它第一个成立农会，举起红色旗帜，从而点燃了全县熊熊的革命烈火。“温子良惨案”发生后，白色恐怖笼罩在土楼寨的上空，1928 年至 1931 年下半年，温子良村曾五次遭受国民党反动派的大“围剿”。房屋被烧光，山也被烧秃了，全村上百口人只剩十几个人。艰苦岁月里，幸免于难的人们就在这片焦土上坚持革命，继续战斗，重建家园，历尽沧桑，无怨无悔……

星星之火，可以燎原。那熊熊燃烧的火种，也照亮了外公的红色生涯。

外公参加了赤卫队。

外公从此走上了革命的道路，义无反顾，勇往直前。

他成了村里最年少的赤卫队员，利用放牛娃的身份为红军传递信息；他奔走于红区与白区的边界，从不畏惧。后来，他光荣加入了红军队伍，成了当时中共县委的一名通讯员，他经常赤脚走山路，穿越枪林弹雨，传递各类重要军事信息。在一次大转移的军事行动中，在“白狗子”的围截追杀中，外公不幸坠下山崖，身负重伤，一度与部队失去了联系……

腥风血雨中，他终于成长为一名坚强的无产阶级革命者，和父亲他们一样勇敢的人。

“野火烧不尽，春风吹又生。”坚强勇敢的温子良人，和无数的革命者，在这片热土上抛头颅洒热血，铮铮铁骨，前仆后继，革命到底，无所畏惧，终于迎来了新中国黎明的曙光。

“温子良惨案”事件发生时，中共饶平县委机关驻地追远堂及温子良村民房均被烧毁。

2016 年在上善村进行红色村党建示范工程建设时，上级政府对追远堂进行修复重建，并将其辟建为饶北苏区革命史资料展览馆。现旧址坐西向东，为水泥、土木结构，建筑面积占地 2 600 平方米，目前有布置展览 340 平方米，展示双善区域土地革命战争的历史。工程建设于 2019 年底完成。

2019 年 10 月，中共饶平县委机关驻地、“温子良惨案”发生地旧址追远堂被中共饶平县委组织部公布为饶平县党员教育培训示范基地。

旧址上重建的追远堂，身后是庄严的烈士陵园，群山依依，绿树蓝天，重现了当年峥嵘岁月里的家国故园。

拾级而上，烈士陵园里绿树成荫，曲径延绵，鸟语花香，绿荫芳草和碧水间坐落着一座高耸的烈士纪念碑，十八壮士的名字赫然在目。宽敞的主墓道用花岗石块铺砌，两侧建花圃遍种红花，两旁的山坡上遍植青松翠柏，终年红花不绝，四季常青。

追远堂前小桥流水，错落有致，平日便吸引了大量的游客。每逢节假日，尤其在清明节前后，广大的青少年会到这里扫墓，接受革命传统教育。

每当清晨，红日冉冉升起，霞光流溢。绿草闪动着金色的光芒，似乎烈士的英魂正保护着这片大地。

如今的温子良村，民风淳朴，曲水流觞，登峰远眺，坐看云起，一条宽敞的柏油路横穿村子，村子里，屋舍俨然，白墙黑瓦，绿水青山。悠闲自在的人们坐在台阶上，听村里的老人讲述着悠悠往事。

巍巍青山，山风猎猎，红旗迎风招展，大地一片芬芳。苏区根据地人民的幸福生活，一目了然，足以告慰先烈。

十里红棉寄思忆

谢　欣

张维屏在《木棉》一诗中曰："攀枝一树艳东风，日在珊瑚顶上红。春到岭南花不小，众芳丛里识英雄。"

三月初春，当灿若织锦的红棉，自烟云缭绕的凤凰山脉乘风而来，漫过千里绵延、波涛汹涌的韩江春水，穿过铁戟金戈的烽火岁月，又一次轻轻覆盖在广阔的潮汕平原上之时，灿若艳阳的红棉花瓣总能引起中华儿女对于华夏英烈的无限缅怀与深切追思。

那些发生在潮汕平原上，濡染过硝烟烽火、烈士鲜血的诗史创奇，经久不衰地流传在父辈奉献一生的热土上，温养出一代又一代肩挑道义、心怀家国的仁人义士。

《华严经》曰："一花一世界，一木一浮生。"而迎风盛开的十里红棉何尝不是无数不屈不挠共产党人的精神映照呢？

不畏严寒、临风怒放的红棉，不畏强权、奋力斗争的人民在那年的三月阳春里，在这片古老的土地上共同谱就飘荡在浩荡苍穹中、催人泪下的动人史诗。

一、以自立自强之行，敢为人先

老子曰："合抱之木，生于毫末；九层之台，起于累土；千里之行，始于足下。"绵延十里、高耸入云的红棉花树离不开经年累月的潜心积蓄，而席卷神州大地的燎原烈火同样离不开来自五湖四海的点点星火。

在家国有难之时，那些心怀大义、勇于担当的时代英杰，总会义无反顾地身先士卒，挺立在时代潮头，将这些细微光亮凝聚成燎原之火。而出生在潮汕地区的林成举就是这样一位敢为人先的优秀共产党员。

林成举于1926年参加中国共产党，先后任前溪村农会负责人、第一任党部负责人。1929年春，林成举在县委领导人李子俊、陈耀潮等带领下，在周边及庵埠等地团结教育农民，发动群众秘密恢复农会活动，发展党的组织。1930年底，在中共闽粤赣边区特委领导下，潮澄澳工委成立，林成举担任基层党组织负责人及潮澄澳工委交通员等职。

李大钊曰："以青春之我，创造青春之家庭，青春之国家，青春之民族。"而林成举以灿若夏花的璀璨一生将革命的种子播种在了庵埠这片热土之上，让革命的思想在广大革命群众心中牢牢地扎下了根。

二、以自爱爱人之心，关怀苍生

忘不了炎炎夏日里红棉花树投下的大片浓荫，也忘不了那段烽火狼烟里无数共产党人对人民群众的拳拳之心，殷殷之情。

1927年9月30日，国民党军队围攻潮安县城，几经激战后，南昌起义军于当天傍晚分别向饶平县境内和普宁流沙方向撤退。而潮安县委在返回仙洲村的途中还收容了一些起义军的伤病和失散人员，分别安置在各村农会骨干家中掩护和进行治疗。

习近平总书记说："我们一定要始终与人民心心相印、与人民同甘共苦、与人民团结奋斗，夙夜在公，勤勉工作，努力向历史、向人民交出一份合格的答卷。”

无论何时何地，共产党人总是牢牢地和人民群众拴在一起，共命运，同呼吸，与人民同甘共苦，与人民团结奋斗。

三、以自强不息之勇，扎根故土

落红不是无情物，化作春泥更护花。在这片爱得深沉的热土上，无数优秀的中华儿女留下深情的泪水，滚烫的鲜血，以及硝烟烽火里无数的功勋史诗。

1928 年 4 月 3 日，中共东江特委召开各县县委书记会议，讨论暴动问题。会议确定以潮安为暴动中心，调澄海武装队到潮安助战。5 日，中共潮安县委发动了暴动，第二独立团和部分赤卫队攻打登塘乡郭进元民团。敌人凭借地形优势和强大火力据守顽抗。第二独立团围攻一天不果，根据县委的指示，分两路转移到敌人统治力量较薄弱的地方去。第二独立团长枪队在县委原委员、县农军负责人赖其泉和参谋长李英平的带领下，转移到上西林村，驻扎在刚克公祠，配合东莆区党组织坚持斗争。

艾青说：“为什么我的眼里常含泪水？因为我对这土地爱得深沉……”因为这份缱绻的爱意，所以在强敌入侵下，先辈们愿意以血肉共筑抵御外敌的万里长城；因为这份缱绻的爱意，所以在狼火烽烟中，先辈们愿意将宝贵的生命燃烧至死方休。

习近平总书记说过：“每一代青少年都有自己的历史使命和机缘。”

春去秋来，岁月轮转，一代人有一代人的青春韶华，一代人有一代人的时代重托。

而当破晓的晨曦驱散了漫漫长夜，当乘风而起的红棉缓缓而落，静静地滋养下一个春季，青年一辈将永远铭记回荡在凤凰山巅上父辈保家卫国的铁血誓言；也将沿着韩江水畔的先辈足迹，开启吾辈新一代的上下求索！

枫溪池湖农会旧址遐思

翁义彬

它的前生和今世
其实就是陈姓村落的宗祠
连接着一个慎终追远
而民德归厚的古中国……

在枫溪池湖农会旧址
这一次我想得有些远——
中国的红色革命
其底色是金灿灿的中国黄
黄皮肤的背景是
奔腾了千万年的黄河
背后是泱泱千里的黄土地

阴阳五行，万物相生相克
黄为土，土为中央

土能生万物
百年前的革命史
与五千年的文明史一样
镌刻着黄土地的力量

瞭望这务兹稼穑的大地
大豆高粱，瓜果飘香的欢笑中
也渗透着咸咸的泪水和血汗
盐碱，旱涝……
都江堰坎儿井——
黄皮肤中国人的智慧
于今仍令人惊叹！

在枫溪池湖农会旧址
瞭望这圣人出黄河清的
中国黄土地，今天
我感到莫名的踏实和喜悦
正如凝视着党旗上的镰刀
我的心里便怀有
一个金灿灿的秋天

历史的列车

——记南昌起义军挺进汕头时周恩来演讲

吴奕东

○
○
○
○
○
○
○
○
○

南昌起义的枪声
划破沉寂的历史幕布
沉睡已久的迷茫
逐渐清晰

周恩来同志掷地有声的演讲
散落潮安大地的种子
等待成长

柑林莽莽、柑花洁白
革命的花朵相继绽放
历史的列车
暗夜里驶入苍茫
专制主义如浓浓的黑暗

笼罩大地
冰冷与坚硬在苍茫大地
铁腕和压迫延伸
条条枕木陈列出细则

铁轨挤出尖叫
劳苦大众的呐喊
挣脱镣锁，推翻大山
打破铁皮的黑屋
打破铁腕的专制
自由，历来是艰辛的过程

枪声由柑林点燃
如一阵阵惊涛卷起
时空裂变
列车如火龙呼啸
呼啸的还有民众的怒火

让火势燃烧得更猛烈些吧
让革命之火以燎原之势蔓延吧
让潮汕大地的革命浪潮一波高似一波
让革命的火光冲破黑暗的困囿
火光里，一张张勇猛刚毅的脸
露出胜利的笑容

旷野辽阔，一如我们的向往
制度沿革有物竞天选
天道规律给予

每个生命体以无穷奋斗的动力

穿越峥嵘岁月
折射出七彩光芒
列车穿越历史的长河
留下清晰又模糊的片段
一个声音在呼唤
中国人民站起来了

追寻红色驿站之路

——记当年中共地下交通线站点之一的潮州交通旅社

林汉龙

。
。
。
。
。
。
。
。
。

一

清晨的潮州古城褪去白纱般的轻雾，
初升的太阳光芒万丈喷薄而出，
悠久的历史文化名城焕发着勃勃生机，
丰富的红色资源矿藏星罗棋布。

伴随着牛年春天的脚步，
我们追寻着当年中共地下交通线的红色之路，
穿越历史的漫长时空，
澎湃的心潮像大海的波涛奔涌难以平复。

毗邻着古老牌坊街的太平路，
有一条偏僻街巷隐藏在闹市的商铺间，

这里曾有过一座四层楼房建筑，
那是当年中共地下交通线站点潮州交通旅社的驻处。

绿树掩映着神秘的旅社楼屋，
有谁会想到这里群英汇聚藏龙卧虎，
迎来送往面对着潮起潮落云卷云舒，
联结着红色地下交通线众多站点畅通无阻。

一批批绝密文件情报和战略物资在这里辗转接收送出，
一批批中央领导干部在这里踏上新的征途，
那是关联着中国前途命运的红色大动脉呵，
有多少革命志士坚守秘密默默地把这生命线守护。

记不清多少回化险为夷安然出入，
机智勇敢躲过敌特密探的疯狂搜捕，
巧妙周旋接送一批又一批革命精英人物，
潮州交通旅社站点万无一失滴水不漏。

当年的潮州交通旅社楼屋已经不复存在，
沧海桑田留下了令人唏嘘的感叹变故，
星移斗转带走了所有的一切，
潮州党史仍记载着那段真实的历史……

二

那是上世纪充满着腥风血雨的二三十年代，
国民党反动派叛变革命制造了白色恐怖，
猖狂地发动对红军苏区的军事“围剿”和经济封锁，
黑暗的世界里风雨飘摇危机四伏。

苍茫大地谁主沉浮?!
中国共产党人在危难中挺起民族的脊梁骨，
力挽狂澜深明救国大义，
毅然把历史使命担当肩负。

时任中共中央军委书记的周恩来同志亲自周密部署，
开辟了从上海始发至江西苏区的地下交通线路，
途经香港、汕头、潮州、大埔青溪、永定等秘密站点，
而潮州交通旅社是广东境内线路最长的必经站点通途。

依托着沿途便利的潮汕铁路和韩江水路，
依靠着当地人民群众和革命武装的鼎力相助，
在敌人的眼皮底下开展秘密活动，
红色地下交通线站点像铜墙铁壁一般坚固。

神秘的旅社楼房紧闭着窗户，
但见周恩来同志英姿勃发运筹帷幄，
房间里汇聚群英商讨着对策，
案桌上指点江山胸有成竹。

在这闪现着刀光剑影的特殊战线上闲庭信步，
在敌人的心脏里把战斗堡垒构筑，
偏僻的街巷楼房酝酿着惊天秘密，
于无声处静听远处滚动而来的春雷轰鸣奔突。

仿佛听见咆哮的黄河发出呐喊疾呼，
仿佛看到奔腾的长江一腔热血倾注，
反分裂、反迫害的浪潮势不可挡，
城乡各地涌动着爱国救亡的游行示威队伍。

经历了 1930 年至 1935 年多少个严寒酷暑，
一批又一批中央领导干部途经这里风尘仆仆，
在这里转送着一批又一批粮食药品等战略物资，
以及源源不断的信息情报和经费援助。

纵横驰骋从潮汕铁路的列车匆匆走来，
到月色朦胧惊涛骇浪的韩江夜渡，
在秘密驿道上艰难跋涉前行，
安全来到江西中央苏区的红色之都。

曾记得，三次战略大转移安全护送了两百多名中央领导干部。
有他，有她，有……
请记住吧，一个个如雷贯耳的风云人物，
请记住吧，他们在这里留下了坚实的脚步，
历史的丰碑铭刻着这一切，
革命志士舍生忘死义无反顾。

三

于是，在中央苏区瑞金集结起钢铁般的队伍，
于是，有了乡亲们依依不舍十送红军的歌声感人肺腑，
高举北上抗日的旗帜出发挺进，
冲破了国民党反动派沿途的重重包围拦截围堵。

于是，有了后来举世闻名的二万五千里长征，
历尽了翻雪山过草地的艰难困苦，
胜利到达陕北革命根据地，
迎来了延安宝塔山下各路大军会师的祝捷欢呼。

于是，有了后来西安事变重大的历史转折，
同仇敌忾经历十四年艰苦抗战把日寇驱逐，
伴随着摧枯拉朽消灭了蒋家王朝，
拉开了天安门城楼开国大典的序幕。

于是，开启了社会主义建设时期的宏伟蓝图，
改革开放铸造着民族复兴的坚实基础，
实现了从站起来、富起来到强起来的伟大飞跃，
“一带一路”正在延续着古老的丝绸之路……

风雨兼程一路走来天翻地覆，
史海钩沉带给我们更多的启迪和感悟，
追根溯源寻找着当年红色驿站的踪迹，
继往开来守望着峥嵘岁月走过的艰辛来路。

四

树高千尺枝繁叶茂只因根扎沃土，
红色资源是我们党弥足珍贵的巨大财富，
风和日丽里迎来了党的百岁华诞，
蓝天白云下找回精神家园的起点和归宿。

在潮州这座充满传奇色彩的历史文化名城，
人民心中碑刻着红色生命线的功勋卓著，
八百里韩江源远流长滔滔不绝，
诉说着当年惊心动魄扣人心弦的历史典故。

红色课堂里翻开党史的壮丽篇章，
再把当年革命斗争的真谛诠释解读，

面对鲜艳的党旗庄严宣誓，
坚定理想信仰是每一个党员必修的课目。

趁势而上起而行之令人鼓舞，
牢牢记住习近平总书记视察潮州的殷切嘱咐，
强劲的春风吹绿了韩江两岸，
牛年里感恩奋进干劲更足。

千年古城春暖花开又一度，
怒放的红棉高擎火炬为党的华诞送上祝福，
难忘当年激情燃烧的战斗历程，
不忘初心牢记使命是告慰革命先烈前辈的最好礼物！

2021 年 3 月 4 日于潮州

抗日烽火

全面抗日战争时期（1937— 1945）

烟雨迷濛葡萄园

廖本民　陈晓敏

花落柴门掩夕晖/鸟儿数点傍林飞/闻风听雨往前行/遥见乡村一路觅……我们边谈边走，为的是寻找唯美的红色记忆、革命老区的足迹。

暮春，韩江东畔的潮安区文祠镇，烟雨绵绵，情依依，多少故事在心里?

在文祠镇黄泽娟副镇长及中社村两委干部曾静华、林两芳的引领下，随着区志办领导一行，顶着时停时歇的春雨，踏着山路弯弯的泥泞村道，朝着长背山村的红色葡萄园采风。

葡萄园位于文祠镇（原）老集墟市北侧的长背山村，与镇老集墟市距离约 1 000 米，是潮州市老区村、解放战争时期的革命根据地。

我们一直穿行在果林掩映下满是水渍的绿荫山道上，终于在一处门额上书“葡萄园”的民居前停住了脚步——这就是潮汕抗战初期，中共潮汕中心县委驻地葡萄园。

葡萄美酒夜光杯，欲饮琵琶马上催。红色葡萄园，一个充满着诗意、让人回味无穷的地名。当年，最美好的年纪，最坚定的誓言，没有美酒，唱着《义勇军进行曲》，在这里，先辈们指挥着潮汕儿女，挥动大刀和长枪，上前线杀日军，谱写出一幅可歌可泣的抗日画卷。

在葡萄园主人曾宪略的热情招呼下，我们次第走进这座始建于1937年，总面积约780平方米，由7间并列的灰瓦杉木结构平房和围墙组成，布满红色岁月沧桑的普通农居。据悉，这是曾昭永叔伯兄弟共有，其中在抗战初期就秘密地加入地下党组织、献身于抗战事业的曾昭永分到靠北三间总面积约60平方米的平房。整座民居朴素大方，为丘陵山村特有的农家宅厝。

小雨，在嘀嗒地下。望着烟雨迷濛中的葡萄园老厝，我心中仿佛升腾起70多年前便被镌刻于此、永不消逝的红韵。

1937年7月，日本帝国主义发动了全面侵华战争，中华民族面临生死存亡的空前危机。翌年2月20日，中共闽粤赣边省委在龙岩县召开首次执委扩大会议，会议决定分别成立中共潮汕中心县委和梅县中心县委。潮汕中心县委于同年3月上旬宣告成立，驻地先设于汕头市民权路后街，5月又迁至汕头市镇华里。鉴于日军侵汕在即，中心县委机关于同年四五月间，迁至潮安县七区东里乡大夫第。

1938年10月，日军沿南海直逼广东，12日从大亚湾登陆。同月21日，广州沦陷。1939年6月下旬，汕头、庵埠相继沦陷。面对国民党的步步撤退，挽救民族危难的重任，历史地落在共产党人的肩上。

在汕头、庵埠相继失守后，驻潮州国民党各政府机关，全部向归湖、文祠一带山区撤退。在严峻形势下，县委被迫向三区撤退，驻进长背山村葡萄园地下党员曾昭永家。与曾昭永一同积极投身革命事业，并在革命斗争中同时加入中国共产党的，还有族亲曾传经、曾传钦等人。中共潮汕中心县委迁此，就是因为长背山村具有共产党领导下的群众基础。

1939年6月21日，汕头沦陷。同月25日端午节，日军攻上梅陇、庵埠，接着两千多侵华日军分三路先后攻城。27日，潮州城蒙难。驻潮州城独立第九旅（旅长华振中）部向西塘、枫溪、古巷一带撤退。7月，刚驻进葡萄园的中共潮汕中心县委，根据中共闽西南潮梅特委的决定，对县委领导人重新调整，书记李平，组织部长谢南石，宣传部长余永端，军事部长卢叨（原名卢在祥），妇女部长方朗，青年部长徐扬。同时撤销潮安县委，新建立中共潮（安）揭（阳）丰（顺）边县委、鹳巢区委、登白区委、三区区委、四区区委等党组织。经重新调整的潮汕中心县委，在动员群众、组织开展抗日游击战争任务外，同时肩负着领导各抗日武装力量，对日军展开袭扰战的重任。据当地群众回忆，潮汕中心县委还开辟了潮安至丰顺、大埔以及韩江抗战物资地下交通线。侵潮日军也探知潮汕中心县委驻地，屡欲派兵侵袭长背山村葡萄园，但在当地群众掩护下，阴谋一直未能得逞。不死心的日军经常派飞机前来侦察，而且对长背山村进行轮番轰炸……然而，尽管穷凶极恶的日军使尽毒辣的手段，但潮汕中心县委是一所摧不垮的坚强堡，先辈们就在这座果林掩蔽着的葡萄园，仍然领导着潮汕的抗战事业，直至迎来抗战胜利的曙光。

我站在当年潮汕中心县委曾经驻过的葡萄园，好像见到一群坚定信仰的共产党人，在那盏高脚煤油灯下运筹帷幄的身影……

走出葡萄园老厝，望着当年用绿荫掩护潮汕中心县委的百年果树，在烟雾迷濛中，和着葡萄园，显得更静谧、肃穆。忽然间，一袭暮春的阳光，幻成一片红霞，透过被春风撕开了的一丝云隙，洒落在红色据点葡萄园老厝上，嫣红、炫目，让人产生无限遐思……

红色映像东里行

——访革命旧址东里“大夫第”

沈美霞

悠悠岁月留痕迹，茫茫史海存记忆。在建党百年即将来临的一个碧空如洗、阳光明媚的日子，怀揣着一份特殊又激动的心情，我和文友们如约驱车前往潮安区彩塘镇东里村，寻访神往已久的中共潮汕中心县委机关旧址——“大夫第”红色革命遗址，意欲捕捉那一缕在百余年的历史时空里永不消逝的闪光，因为它印记了中国共产党初期艰难又辉煌的遗迹。

车子一驶入东里村地界，只见宽阔平坦的道路上干净整洁，绿草成茵，显得非常安静、祥和，散发着清新、淡然的独有魅力。一块巨大的书写着“东里人民欢迎你”的蓝底白字牌子高高地树立在宽敞的公路之旁，就像一只神话中富有灵性的蓝色巨鸟落于此处，忠诚地守护着这一方神圣的土地。整洁崭新的道路两旁，两列对称的路灯辉映着鳞次栉比的商铺、高楼、厂房，这些，在蓝天白云的映衬下格外显眼，仿佛两排凌空跃起的飞龙，护佑着这个革命老区的一物一景，也预示着这片土地的吉祥和腾飞。

沿途的风光在我的眼中新鲜而充满诱惑，我时刻注视着这现代气息浓烈的村容村貌，试图搜索曾经红色革命的影子，并使它们与我脑海中的想象相重合。到达东里村委会，在村领导的带领下，我们徒步前往参观东里红色革命遗址。前方的景致令同行的文友们群情振奋，眼帘中出现了一座潮汕清代建筑风格的古民居“大夫第”，镂刻在门上方的牌匾写着“光州世胄”，可见这里面曾经住着贵族后裔。这便是东里村赫赫有名的红色革命遗址，曾是早年汕头青抗会王家三姐妹长大的地方，也是革命先烈王声复的旧居，是当时进步青年聚会的地方，后来成了地下党的联络点。

驻足在“大夫第”前，认真地听着村领导的介绍，每个人的心情都凝重起来。在我们党波澜壮阔的革命史中，汕头青抗会王家三姐妹及当时的进步青年还有革命先烈们在烽火连天的革命岁月中，就在这个地方，为了共同的信仰，付出一切，甚至是生命，他们在革命史中留下了不可磨灭的一笔，可歌可泣。

1938 年 2 月 20 日，中共闽粤赣边省委在龙岩县召开第一次执委扩大会议，会议决定撤销韩江工委及其潮汕分委，分别成立中共潮汕中心县委和梅县中心县委。潮汕中心县委于同年 3 月上旬成立，书记李平（1938 年 6—8 月为李碧山），机关设在汕头市民权路志成后街。5 月，中心县委迁至汕头市镇华里。1939 年四五月，日军入侵在即，形势危急，中共潮汕中心县委机关迁至潮安县七区（今彩塘、金石带）东里乡“大夫第”。“大夫第”为王玉珠（又名王辉，曾任潮汕中心县委妇女部长）家宅。

抗日战争时期，中共潮汕中心县委在此举办了各级党组织的干部和党员参加的短期训练班，编印了《支部工作与支部生活》等小册子，教育和考察培养了一大批德才兼备的共产党员，为中华民族的解放事业作出了巨大的贡献。

我静静地聆听着革命先烈们的故事，怀着敬仰之心，深深地敬仰着当年从“大夫第”走出的热血青年——王家三姐妹。遥想当年，在战鼓惊天、烽烟遍地的抗日战争和解放战争中，为了追求救国救民的真理，王氏三姐妹都加入了抗日游击队韩江纵队汕头青抗会，后经严格考验加入中国共产党，并在方方等同志的带领下英勇战斗，直到抗日战争胜利……

王家三姐妹先后与三个才子兼革命者结合。大姐王辉参加青抗会时，已是一男一女的母亲，她的丈夫是我国著名的摄影记者——汕头电报局的同事沙飞，沙飞后来参加了八路军，他们一起为革命并肩作战。

1939年6月日寇大举进犯潮汕的消息，是由潮汕警备司令部秘书徐光兆（他参加过南昌起义）用电话告知王辉，并委托王辉迅速通知汕头青抗会的。王辉不但将消息快速转达给汕头青抗会，还急电各县青抗会报警。由于此举，汕头青抗会能及时组织撤退，而汕青金砂乡分会也能迅速向保安第五团“借”得枪支弹药上山打游击。这批枪支是汕青武装大队成立时的主要武器。

潮汕沦陷以后，王辉带着方方同志的介绍信，前往重庆见了当时的中共南方局书记周恩来，周恩来很快就派她在南方局机关内担任会计工作。王辉在周恩来身边工作多年，直到抗日战争胜利。

二姐王勖，是汕头解放后第一任市长谢育才的夫人，抗战全面爆发前，她已参加了华南人民抗日义勇军，是该组织的骨干之一，夫妇俩都参加了韩江纵队。三妹王勉曾是周恩来身边的工作人员之一。汕头沦陷后，她和大批青抗会会员一起加入了独九旅战工队，配合军队作战。王勉和她的爱人杜桐经方方的介绍到重庆去找周恩来，为革命事业而奔忙。

从抗日战争到解放战争时期，她们三姐妹都走过了一段坎坷的道路，创造了可歌可泣的不朽业绩，为中国革命事业建立了彪炳史册的功勋。

我再步入东里去追寻他们的足迹——东里村“大夫第”始建年份不详，占地面积850平方米，是一座古建筑，两边各有排从厝，为典型的潮汕地区“四点金”建筑风格，建筑手艺精湛，目前保存完好。

“大夫第”的老屋里，掩埋在厚厚历史烟尘中的昔日红色经典故事，似乎还萦绕在金漆木雕、石雕、灰塑、嵌瓷和彩画、门窗户扇、墙夹屋脊、外墙檐下……这些在悠悠岁月中残破褪色的物品，如一双双炯炯目光，坚定地凝视着这片王家三姐妹曾经战斗过的地方，给人一种庄严肃穆的感觉，又仿佛是从遥远的历史中走来，带着战争年代的沧桑和不屈，向我们静静地讲述着这片红色土地上的烽烟往事，给了我们形象直观的视觉冲击和心灵震撼，深深地打动了我们因俗世纷扰而略显疲惫的心灵。

走出“大夫第”，蓦然抬头，我发觉在“大夫第”的埕头上有几棵金凤树，绽放着一片红彤彤、争奇斗妍的簇簇金凤花，鲜艳得那么耀眼，那一抹抹红艳，犹如壮士风骨染红了树梢，如同王家姐妹花，开耀东里村，它见证着革命的胜利和新中国的沧桑巨变。

带着对东里这片红色圣地的留恋和倾慕，我们顺道来到了村里富有现代化建设特色的新区，在这片神圣的土地上，一代又一代的老区人民，用忠诚铸就了对这片土地的热爱，用勤劳和汗水为老区的建设与发展倾注了热情。在改革开放之后，老区人民继承发扬革命先烈遗志，使东里村这个曾以打铁闻名的小村庄，从农业产值过渡到工业产值，把三农用的打铁业改为日常生活必备的不锈钢业，把生意做到国际市场，助力彩塘镇成为闻名遐迩的不锈钢王国。

回望这一片红色土地上的辉煌历史，东里村中共潮汕中心县委机关旧址——“大夫第”红色革命遗址，镌刻着永不消逝的历史记忆和永不磨灭的红色精神。

对于大潮汕来说，在那最艰难的抗日战争、解放战争时期，是党领导广大军民团结一心，为了共同的革命信仰，勇敢无畏地与敌人展开周旋，用英明的决策打响了一场场战役，谱下一曲曲英雄的赞歌。我们在接受这份精神洗礼的同时，也由衷地为今天繁荣昌盛、和平稳定的政治局面而欣慰，正是千千万万的革命先辈用生命和忠诚打下了新中国的崭新江山，才有了我们如今的幸福生活。

当我们走进东里村这片红色土地的时候，心里充满了神秘和向往；而当我们离开的时候，内心又充盈着激情澎湃的力量。东里村红色的革命历史给予我们向上的启迪，是啊，人生何尝不是一场浴血奋战，只有经过坚持不懈的顽强战斗，人生才能迎来一个全新的胜利。

幸福的来路

——在佘厝洲村寻访红色足迹

陈俏洁

水泥铺就的堤坝路窄小，只容得下两辆车相向而行。右边是韩江，滚滚波涛在午后一点多的阳光下跃动着耀眼的光芒；左边是一些村落：仙洲、渡头、樟厝洲、谢渡，但村屋不多，有的是面积或数量可观的香蕉林、竹林、菜地、池塘及看不到尽头的小径。堤坝路的地势高于两边，举目尽是苍穹，湛蓝而深远，一路前行像钻入它宽广的怀抱。

当导航传出“靠右前方行驶，目的地就在附近”时，我依照指令拐向右边——前方是一个小斜坡，驶到下端时迎面立着一块石碑：佘厝洲。三个褪色的红色楷体字显出石碑历经年月的漫长和风雨击打的频繁。它安然挺立的样子却又似不在意这些一般，只是一如平常地迎来送往每一个慕名前来的人。

我就是众多慕名探访者之一。

一

此前，这个村庄之于我，只是一个文字里的存在。

佘厝洲，昔称“邝翁洲”，在潮安区江东镇东南侧，位于韩江下游冲积平原，地域面积约0.48平方公里，全村1 500多人。因佘姓人口较多，此地又是韩江冲积洲渚，故村落定名为“佘厝洲”。后其他姓氏族人有的迁移他地，有的与李姓族人相互融合或被同化，其中有周氏女与李氏公联姻，李、周二姓成姻亲关系，故现在佘厝洲仅有李、周二姓。明朝万历二十八年（1600）左右，玉胡公由磷溪仙美到此佘厝洲后，分衍秀岭公、秀顺公，相传至今，已有17代约400年历史。它位于潮安、饶平、澄海三县边界的中心，村民以务农为生，村内蔗林果园密布，四周环水，从前出入全靠舟楫。

历史悠久，宁静淡远，勤劳朴实，顽强生存……如此看来，这个村庄和潮汕平原上数不清的村庄似乎没有什么不同。它之所以被广泛记载、传说和观览，更多是因为这里有一段不寻常的红色历史。

1938年4月，中共地下组织委派李习楷回佘厝洲村开展抗日救亡运动。11月，建立党支部。这是抗日战争时期党在江东的第一个战斗堡垒。1939年10月，中共潮澄饶中心县委敌后区工作部周礼平来到佘厝洲村建立抗日游击战争据点。1940年4月，潮澄饶游击小组在这里宣布成立。1944年10月，重新成立潮澄饶县委，初设于饶平隆都樟籍，后移至佘厝洲李习楷家。潮澄饶党组织还以佘厝洲为中枢，建立了两条通往闽粤边和潮梅上级党组织的地下交通线，为抗战输送了许多革命志士，转移了大批军需物资。1945年12月，潮澄饶县委在佘厝洲召开会议，部署党组织彻底转入地下的工作。此后，佘厝洲村成为潮澄饶游击队隐蔽和接受兵员支援凤凰山根据地的重要交通枢纽，也是潮澄饶平原县委和平原武工队的活动点和地下交通网点。

佘厝洲村党支部和该村人民群众，在全民族抗日战争和解放战争时期，克服各种艰难险阻，出色完成上级交给的各项工作和任务，历经敌人的多次“围剿”，仍斗争不息，期间有李炳顺等 7 位战士为解放事业而英勇献身。

该村在潮澄饶革命斗争史上有着举足轻重的地位，被潮澄饶党组织尊称为革命“一老家”。在新中国成立半个多世纪后的今天，它当之无愧成为潮州十四张红色文化名片之一。2012 年，该村被中共潮州市委公布为“潮州市爱国主义教育基地”。

这些文字勾勒出来的佘厝洲村的轮廓，是它给我的最初印象。它美好又凝重，亲切又遥远。我总是会想，如此微渺的一个村庄，是怎样成为潮澄饶革命史的一个重点节点，推动并改变了潮澄饶革命历程的呢?

二

牛年春节后的一天，我的脚步终于迈进这片土地。

立着石碑的村口有一条小路。一列列菜畦在两边辽阔的耕地里纵横交错，上方的落花生矮小幼嫩，料想是刚刚被栽种上去的。立春已过，它们正在春风拂过的温暖里满怀希望地成长。其间有几个五六十岁的男人在穿梭、俯身，也和同伴交谈、指指点点，大抵是在商量种植的相关事宜。

小路向右边拐进，引领我临近一个池塘。说是池塘，它狭长的样子更像一条小溪。泛着涟漪的池水在蓝天的映衬下澄碧透明。池边的水泥栏杆和地上的步道砖是崭新的，看样子前不久刚完工。池塘的尽头是村小——佘厝洲小学，正值寒假，校园里不见人影，喧嚷的是树叶的沙沙响动与鸟儿接连不断的鸣唱。

绕到池塘的对岸，穿行于堤边的木棉树和大榕树间，木棉花在属于它的旺季里，像枝头上高擎着的无数个小火炬，照得整树通红。向水面倾斜那些，好像在以水为镜，打点自己的盛日容妆。而象征南方村庄灵魂的大榕树，它总是那样粗壮、苍翠和繁茂。

沿路，一排鳞次栉比的潮汕民居面向池塘。破落的飞檐斗拱和雕梁画栋不再光彩明艳。个别老厝有人进出，都是年迈的老人。他们或端着碗出来倒剩饭，或拾起晾衣架下被风吹落的衣物。其间一家尚在营业的铺子是这里唯一的“繁华”，尽管铺面一如几十年前开张时的狭窄黯淡。店前，一位阿伯正拿着晾衣竿在撑起遮阳网。

那些年，许多不平凡的故事正是在这个村头展开的吧。

在老厝前的灰埕上，武装队伍集结，奇袭彩塘日伪警察所、区公署和联防队，攻打东凤日伪警察所，大获全胜，振奋人心；在池塘边，党员和革命群众狠狠打击汉奸、地霸，浇灭他们的嚣张气焰，没收他们的不义之财；在其中一间厝内，正传出一首拉弦唱曲“鸦片丁，戴红缨，红缨红纷纷，戴去见皇军。皇军无你拜，献鸡又献菜，礼物廿八双，封你做汉奸，认贼做生父，枉你生做人”，原来是党支部的夜校正在生动活泼地教唱周礼平同志创作的有思想性又有地方特色的方言歌配曲《鸦片丁》；在另一间老厝内，一群或豆蔻年华的少女，或而立之年的少妇，或年近花甲的老妪正在“姐妹会”“拜月会”“识字班”里透过手工活和不曾认识的汉字，了解抗日救国和妇女翻身解放的道理；一间被改造为教新书小学的私塾中，村里的少年儿童正在邱峰、赵世茂、徐亦涛、陈式文等同志的教育下，学习协助站岗放哨，做交通联络工作；在荒情特别严重的时期，佘厝洲党支部组成生活互助小组，发动村中男女搞副业生产，他们在耕地里辛勤劳作，满带收获的信心……

一幕幕时空隧道深处的场景，在眼前纷纷掠过，幻化为一部黑白老电影。

可以想见，这棵在这里屹立几百年的大榕树，见证了昔日佘厝洲村革命火苗的萌发和燃烧；这一池清澈丰盈的池水，润泽了革命者纯洁高贵的品格；这一排依稀可见恢宏气势的老厝，留下了隐蔽斗争的刀痕和弹孔；这一条仿佛不曾改变容颜的村道，留下了烈士们坚定无畏的脚印。

往村中心走去，一幢幢几层高的楼房拔地而起，门前都停放着小汽车和摩托车，有的门内有人围坐，在喝茶聊天。这是古老的村庄崭新的一面，是历史的新一页。这一页，描绘的是近一百年前革命者为之英勇奋战、舍生忘死追求的美好生活。这一页，书写的是革命必胜的壮丽诗篇。

三

来到佘厝洲村，一定要去看看的，是李习楷故居。

在一位老姆的指引下，我来到另一位老姆家。她正和老伴在一座大宅子的从厝里看潮剧。近80岁高龄的两位老人是李习楷的侄子和侄媳妇，旁边的这座宅子正是李习楷故居，钥匙由他们保管。

老姆一听来意，二话不说，打开侧门，让我进入。

这座坐南朝北的“四点金”式的小院，一厅一庭二进式，宽敞通透，充满旧日的痕迹：一大捆斜靠在前厅墙壁的柴火干枯凌乱；通往天井的木门斑驳老朽，对称的两边的房间有的上了锁，有的没有，透过门缝看去，里面的居家用品沾满灰尘和蜘蛛网；偌大的后厅墙上挂着几幅黑白画像，是李家先人的遗像，地上一脸盆纸钱燃烧后的灰烬表明前不久有人曾祭拜过。

传说中宅子里有一间与外面接通的“暗房”，是当年革命者隐蔽斗争的“机关”，我本想参观一番但因为房门不便打开而作罢。

开门的老姆介绍说，这里二十多年前还住着李家人，但大家搬走后就空置了，时而有外来的人来参观。

1937年，卢沟桥事变发生后，在广州求学的佘厝洲村进步青年李习楷因战争影响失学回村，自发地在村里办夜校，宣传抗日，启发了群众最初的民族意识和爱国热情，正是他拉开该村的革命序幕，进而开拓这里的革命局面。周礼平到村后，认为李习楷的家已成为敌后党组织的机关所在地，应建立革命家庭，他的两个嫂嫂被安排过南洋，李家成为党组织活动的“小天地”，生活给养由李习楷负责。之后，他的妻子陈通杏也成为党的骨干力量。

这座潮汕地区随处可见的潮汕民居，是中共潮澄饶汕敌后县委机关和潮饶边县特派员驻地。在这里，潮澄饶汕党组织先后筹划、完成了营救时任中共南方工作委员会书记的方方和刺杀时任中共南方工作委员会秘书长的叛徒姚铎；在这里，隐藏着抗日游击小组的四条枪支。任务是艰巨的，结果是出色的，这里的一砖一瓦便是见证者。

2015 年，一代革命人李习楷逝世，享年 98 岁。他接近一个世纪的生命，是从这座民居开始、成长的。作为一名普通的老百姓，一个接受新式教育的读书人，一位有进步意识的共产党员，他为人民、为家乡、为潮澄饶革命事业奋斗的轨迹在这里烙下永恒的印记。风化的墙壁，腐朽的木门，折射的却是一位忠贞不渝、坚定不移的共产党员闪光的品格。

如果说收纳时光的村庄是一本书，那么，佘厝洲村就是一本古色与红色交融的、值得一再翻阅的书。

翻阅中，我渐渐明白，这样一个落后单纯的小村庄之所以成为“一老家”，固然与它进可出击、退可隐伏、难于追踪的地理优势密切相关，但“人”的作用或许更不容小觑。

清净、恬淡、惬意的乡风熏陶了乡亲们与世无争、自强不息的性格。也正是因为热爱这片土地，热爱这里的一树一木、一沙一石，渴望拥有独立自主的民主新生活，才有那么多的乡亲在抗日、解放的斗争燃烧自己的青春和生命，一往无前，无怨无悔。

从巷子走出来，已接近五点钟。佘厝洲村的日暮时分并不苍茫和萧索。转移到西边的太阳依旧灿烂地照亮清洌的池水。地里几个种地的男人还在，其中一个正拉着绕成一大捆的水管准备浇地。身后的老厝依然静谧安详。前方远处，村小侧边通往堤坝路的斜坡有几个孩子在奔跑、嬉戏，欢快的背影在描摹童年恣意自由的轮廓。攀上堤坝路，韩江水在夕阳照射下像筛子里摇动的碎金，亮得晃眼。在高处俯瞰佘厝洲村，平坦成片的耕地是一缕缕绿光，波浪似的涌动。春风吹拂大地，一阵又一阵，寒中带暖。

战争的枪声远去，动荡的年代消逝，这个古老宁静的村庄终归于恬淡和沉寂。但“老家”永远是“老家”，是革命事业的起点，是历史改变的转折点，是今天的幸福在昨天来时的路。

红色儒林第　革命故事多

陈维坤

省道335线由南向北，从铁铺镇铺埔村（从前叫铺头埠）前穿过。南来北往的人，都晓得公路边有一个热闹的菜市场，却不知道市场的隔壁别有洞天，不声不响地藏着一座被称为儒林第（也叫永朝记）的侨宅，也不知道现在菜市场的大部分用地原来就是儒林第的后花园，占地面积比儒林第还要宽一些，更不知道寂寂的儒林第里，藏着很多扣人心弦的革命故事。

一

从东寨三围后的深巷拐进去，首先见到儒林第的照壁。这座坐北朝南、至今已有150多年历史的“四点金”建筑，由大门楼、正厅堂、天井、下厅堂、南北厅、大房、二房、下房、屋顶、屋顶雕饰嵌瓷、壁画、旷埕、后包巷照壁、围墙等构成。主体结构和屋顶虽尚完好，但墙体大多斑驳剥落，尽显老态；走近了，仔细端详，却极其精美，特别是门楼肚的装饰，融合灰塑、彩绘、嵌瓷、漆金诸工艺于一体，栩栩如生，非常罕见。

这是一座光荣的府第。

这座占地面积 1 101 平方米、建筑面积 499 平方米的古代建筑风格的庭院，是海外创业者回乡建设的典型代表。它的第一代主人，就是爱国华侨陈国淦。当年，他在曼谷经营“暹罗陈合兴稻米贸易商行”，生意兴隆，事业有成，遂耗巨资在乡里盖了这座大宅子。陈国淦还延续了广大华侨与祖国同呼吸、共命运的优良传统，在孙中山先生发动丁未黄冈起义前夕，他果断返回泰国，发动华侨捐资，开一时风气之先，在潮汕华侨史上写下了光辉一笔。

陈国淦的儿子陈顺江（陈芝庭）有三个儿子。1924 年，陈顺江带着大儿子陈作育、小儿子陈作征（陈可明）回国。1932 年 1 月，淞沪会战爆发，国难当头，陈作育慨然投笔从戎，加入蔡廷锴率领的十九路军，走上前线抗日杀敌，报效国家。5 月 5 日，《淞沪停战协定》签订，十九路军奉命赴闽剿共，陈作育对上司这一决定颇为不满，便主动脱离队伍，折回泰国。直到 1941 年，他才带着六岁的儿子陈英泰重回家乡。翌年，他被当局任命为铁东片及山内片共 10 个村的管理责任人（保长），多有善举，民皆称颂。

陈顺江的二儿子是陈作启（陈若明），他通过大哥之口，了解到祖国正处于水深火热之中。1934 年，他怀着振兴中华的远大理想，放弃泰国优厚的物质生活回国，走上追求自由民主的革命道路。1935 年 7 月，陈作启前往上海寻找革命组织；9 月，加入中国共产党组织领导下的左翼文化团体——左翼社会科学家联盟。1936 年 5 月他不幸被捕，被关入臭名昭著的上海提篮桥监狱，受尽非人折磨。1937 年 9 月，经党组织营救出狱，这时的他，已经从爱国华侨青年成长为坚强的革命战士。11 月他离开上海，12 月投奔八路军。翌年由尚耀武、王延连介绍入党。在抗日战争和解放战争中，他身经百战，屡立战功，1957 年 6 月获三级独立自由勋章和三级解放勋章，先后获授中校、正团、上校准师级军衔，为儒林第增光添彩。

二

陈作征从暹罗回到家乡时，年方五岁，按照家族的安排，过继给大伯母金氏做儿子。翌年秋，村里成立农会，东寨前苎埕十几个小学生合唱“打倒列强除军阀……”，他一直是歌咏队中的一员。斗争越来越激化，风声不好时，农会将一些会旗和枪弹藏在儒林第的稻草灰间，隔一段时间再搬走，年少的他还参加过搬运。他还经常当小放哨员，发现村外一有风吹草动，就串街走巷报警，有时还把革命同志藏在自己家里。他家是大落厝大门楼，敌人一般不大注意。

自小耳濡目染，陈作征的心中种下了革命的种子。二哥陈作启的到来，带来了鲁迅、邹韬奋的著作。他开始接触进步书籍，并受二哥思想和行动的影响，明白了很多革命道理，坚定了人生目标。1936 年初，他到韩师附小插班读高小六年级下学期，这期间，他在语文教员陈臣辅的启发和指导下，经常阅读艾思奇《大众哲学》及鲁迅主编的《奴隶》丛书等进步书籍，撰写时评，发表在校刊《双旌小报》及毕业专刊上，非常活跃。下半年，他考进潮安县立中学，抗日战争全面爆发后，他在学校参加了一些抗日救亡活动。

1938 年 3 月，经潮汕青年抗敌同志会的林西园（原韩师附小教员）和方东平（曾任陕西省统计局局长）的介绍，陈作征光荣入党，由中共潮安县中心区委书记谢仰南（谢南石，新中国成立初期任广东省商业厅厅长）主持入党宣誓，党内用名陈可明。不久，他担任学校党支部书记、学生自治会主席和全县学生校园联合会常委，发展新党员。1938 年初夏，谢仰南派陈作征参加县青抗会及县学生救国联合会工作，主要在民众夜校宣传毛泽东新发表的《论持久战》。课余回乡拓展工作，他先发展下埔小学教员陈英程（坎下人），铁铺才又恢复了党组织。1939 年春，他参加潮汕中心县委举办的党训班学习，一个多月的时间里，他系统学习了党的建设、哲学和游击战争等，理论水平与思想境界得到明显提升。到了夏天，日寇攻占了潮汕地区，陈作征随潮汕中心县委书记李平进山区文祠镇，负责三区区委书记工作。

年轻的陈作征，稚嫩的肩膀已经挑起了革命的重担。

三

铺埔村的革命历史，开始迎来值得大书特书的一页。

两个月后，即 1939 年 10 月，陈作征以带同学到家里避难为名义，让中共潮澄饶中心县委机关由文祠长背山葡萄园地下党员曾昭义家迁至铺埔儒林第。当时中心县委书记李平、组织部部长兼军事部部长卢叨（新中国成立后曾任福建省副省长）、宣传部部长吴南生（吴楚人，后任过中南局副秘书长，广东省委书记、省政协主席）、妇女部部长方朗（方向明，新中国成立后曾在中组部工作）、敌后工作部长周礼平等数十人，先后都转移到铺埔，标志着铁铺成为潮汕抗日战争的指挥中心，期间潮澄饶中心县委多次在儒林第召开重要会议。中心县委还担负着闽粤赣边省委的联络工作和接待并护送中共干部的重任。

这一时期，中共南方分局负责人方方也驻此指导工作。陈作征把家里收藏的枪支和资金提供给党组织，为同志们提供给养。宽阔的儒林第后花园，树木茂盛，成了同志们秘密开展革命活动的理想空间。妇女部部长方朗还在儒林第中完婚，婚房设在左侧从厝的第二间。婚礼虽简陋，但让整座儒林第洋溢着革命浪漫主义的气氛。

陈作征除了在家掩护机关外，还负责第四区宣委和几个农民支部的工作，同时加入中心县委主办的油印《前卫报》任编委。正是工作繁忙千头万绪之际，家庭却一再逼迫他结婚生子、传宗接代，由此产生了家庭矛盾，时有吵闹，导致家人对同志们的生活供应不如往常。党组织担心因陈作征的家庭问题暴露设在这里的县委机关，于是让中心县委的一些女同志（方朗等）先行搬离。3 月，机关全部迁至饶平隆都南溪乡（今澄海隆都南溪村）“天水世家”侨宅。这事虽然没有给革命活动带来很大损失，但同年 4 月，在陈作征不知情的情况下，党组织给予他开除党籍仍保持联系的处分。

四

离开铺头埠后，陈作征流落于梅县、湖南衡阳、广西桂林等地，1941年至1944年夏在桂林淮南俄文专科学校主攻俄文，用名陈康明。期间他结识了田汉、何香凝、柳亚子等进步人士，还翻译了一些苏联战地报告文学刊登在桂林的报纸上。1944年8月，陈作征经亲戚、华侨商人陈若浩垫付路费，辗转回到泰国呵叻城父亲家中。不久经吴建忠接线，和泰共取得联系。隔年8月，他接当地党组织通知，到曼谷参加《真话报》工作，并创办公开发行的《全民报》，用名陈康平。大约在1947年，李平、徐扬两人到泰国陈作征家，他才获悉自己被开除党籍一事，有过一些情绪，但仍全身心投入革命活动之中。李平、徐扬都表示当时的组织处理不当。方向明等同志则开始着手解决陈作征的党籍问题。

1949年6月，他和爱人黄静珍奉调回国，乘船踏上汕头后即与组织接上线，被护送到凤凰山并向潮澄饶分委负责人庄明瑞、许士杰报到后，立即加入闽粤赣边纵队第四支队的武装斗争。新中国成立初期，他担任过《自由韩江》报总编辑、《潮汕日报》社会服务室主任及副刊科长等职。1953年7月，他被调离粤东区党委到中南局报到，即被分配到华中钢铁公司（武钢前身）所开设的中南俄文专科学校俄文教研室当秘书并编俄文讲义。俄专结束后，他一直在经济建设一线上发挥才干，直到1984年9月才在武钢冷轧薄板厂离休。

1986年3月，在他的一再申诉下，经一批老同志证明，他被恢复党籍，入党时间从1938年3月算起。接到喜讯，他喜极而泣，当即补交从1949年起共30多年的党费。几十年的革命征程，陈作征不忘初心，坚定信念，百折不挠跟党走，用自己的一生，诠释了一名优秀共产党员的本色。

1952年，儒林第被分割成20多个房间，分配给贫民居住。1987年落实华侨政策，儒林第物归原主。2020年4月，儒林第作为中共潮澄饶中心县委机关旧址，被评为第四批潮州市文物保护单位，再一次焕发光彩。

暹罗华侨救护队

叶淑雯

一枚小小的废针头
历史铭记着暹罗华侨救护队
我们不会忘记
那一个个救护奔波的身影

1937 年
当日寇的魔掌伸向祖国
华夏大地哀嚎遍野
民族危在旦夕

日寇的烧杀掠抢
激无数潮人愤慨
爱国华侨纷纷踏上卫国征程
义无反顾投入抗战行列

杨仰仁、陈庭禹、张兴、张辉……
英烈的伟名难以罗列
他们用行动向世界宣告
捍卫祖国疆土，中华民族决不屈服

暹罗华侨救护队
一支英雄的潮人救护队
曾救助过无数抗战英雄
大量药品经由他们送往抗战前线

暹罗华侨救护队
一支英雄的潮人救护队
用热血谱写捍卫祖国诗篇
奏响热爱母亲的绚丽凯歌

葡萄园

——献给中国大地上为抗战奋斗的英雄们

陈婉灵

当红霞又一次升起
点染长背山村斑驳的光影
像上个世纪屹立不倒的鸟
始终不肯抹去波涛汹涌的记忆

1939 年夏，一些红色的肢体在暴风雨中贫瘠地埋藏
一盏红色油灯在葡萄园掏出自己跳动的心脏
那是太阳的叫唤，唤醒潮汕每一粒尘土
哪怕是最粗糙的沙粒
也用他们摩擦的嘶哑歌唱撕破黑暗
在电闪雷鸣中撑起一朵温柔的子宫
哪怕在无路可走的黑洞里
也要砍断寒光夺回被收割的麦子
在黎明前点起亲如母亲的质朴火光

黄土上所有葡萄园
所有红色油灯都被大地无尽的呼吸刻上名字
受难的名字，英勇的抗争，无私的奉献
诞生了鲜润的红花和鲜活的星辰
一双双美丽的眼睛流淌在霞光

假如我是一棵树
我要继承黄土，在葡萄园身前傲然挺立
从深厚的土地衔接云天，在历史的沧桑衔接新生
我咽下暴风雨飘荡的泪水与鲜血
我吐出披着种子的红色领巾
一颗清澈的爱
一颗纯粹的心
一颗明净的梦
点亮东方辽阔的大地

烈士颂

曾向语

那年寒冬之后
在潮州大地
矗立了一座烈士丰碑
用的石头是忠义之士的骨骼
用的水泥是革命之躯的血液
栖息着惊天动地的英魂
荡漾着烈烈忠魂的豪情

而那年寒冬之前
用生命守护这片潮州土地的
是潮汕青年抗日游击大队这群国家的脊梁
是潮汕暹罗华侨救护队这颗炽热的忠心
是中国共产党这面不倒的旗帜
把敌人解决得片甲不留
把人民保护得安然无恙

把机会留给老人和儿童
把信念传输给青年壮年

“我们必胜！中国必胜！”
这坚定的念想如同春天的惊雷
支撑着这片千疮百孔的土地
最终把胜利的号角吹响

春天，孕育着崭新的希望
春天，吹响了红色的旋律
新时代的春天到来了
让我们高举红色文化的旗帜
谱写新时代的新篇章

樟溪小学：隐蔽在历史的破旧角落里

——记中共潮澄饶县委隐蔽斗争据点

卢继炽

脱落的泛黑的外墙
关起来的是无法无天的调皮孩子
牛白藤、刺蒴麻、紫珠……
爬上墙头，钻进墙底
你总是沉默着，沉默着
直到杂草爬满了全身
直到现在再也看不清你本来的样子

你静静地站在不知名的某个角落
静静地吹着风，孑立的
静静地淋着雨，伶仃的
宁愿拥有寂寞以及可能被遗忘的未来
你总是一声不吭地，一声不吭地
破败，萧条

就像没人知道你的前生一样
也没人关心你的后世
就像 1942 年一样
没有敌人知道你是隐蔽基地
现在也再没有人要记起你的样子
你隐蔽得太好了
你藏在了历史的破旧角落里

你是那芥草吧
不能在春天开起美丽且飘香的花朵
也不能在春天伸开健硕又坚挺的枝干
你只是用你那仅有的青葱
告诉人们，春天来了
春天将要来了

浴血战斗

解放战争时期（1945—1949）

大山深处的故事

陈秋城

潮安区归湖镇，是革命的老区。那里有讲不完的红色故事。大山深处高升村的石靠脚，更蕴含着永远讲不完的红色故事。

因此，当潮州市侨界文艺家们研究在牛年来临前夕，到何处向侨属、乡亲送温暖时，70 多年前中国人民解放军闽粤赣边纵队第四支队司令部旧址石靠脚，成为我们的首选地。

石靠脚，还有我一直怀念着，被人们称为“大山深处一剪梅”的老游击队员——93 岁的革命老人陈琴。

石靠脚又名石部脚，因潮人往往称部为靠，又习惯将体积较大石块称为石部。顾名思义，石靠脚即指建在大石旁的住落。这看似普通大山深处的普通民居，竟是中国人民解放军闽粤赣边纵队第四支队司令部旧址。

市侨界文艺家联合会送温暖一行的车队，停在了石靠脚村陈氏宗祠前平坦的旷埕上。“边纵”第四支队司令部旧址，就在宗祠左侧的一处侨属民居。

我又一次来到了魂牵梦绕、时刻怀念着的这处为两层木楼建构而成，占地面积 180 平方米，至今保存完好的红色旧址。

正当我们怀着无限崇仰的心情，瞻仰这座大山深处的红色“经典”，继而并排站立在上书“中国人民解放军闽粤赣边纵队第四支队司令部”的金色牌匾前合影留念时，一位个子不高、满头霜发却腰板硬朗、精神矍铄的老人，满面笑容地来到我们面前——她，就是老游击队员陈琴。

就在当年第四支队辖下，代号“虎连”驻地前绿荫下的石板椅上，老人应我们的要求，打开记忆的闸门，向我们讲述70多年前，发生在这大山深处的红色故事。

……

早在土地革命时期，高升村人民在潮澄澳县委（后改称为潮澄饶县委）领导下建立起来的红色乡村政权，成为浮凤苏区根据地的组成部分。解放战争时期，东升村所在的五股，建立了凤凰山第三个游击根据地。年轻的陈琴，成为勇敢的游击队员。

1948年6月26日，喻英奇纠集潮安联防队蓝道立部、饶平吴大柴部、丰顺林海部共500余人，对刚在李工坑宣告成立的人民解放军韩江支队第十一团司令部，以及官头輋等我驻军司令部发动“围剿”。在敌人的铁壁合围下，韩江支队第十一团及各武装组织，先后撤往五股一带继续对敌作战。因而，石靠脚、双埡等自然村成了潮（安）澄（海）饶（平）丰（顺）革命指挥中心。第十一团司令部驻扎于石靠脚一户华侨家属的双层楼。

同年9月22日，吴健民、李习楷在石靠脚，主持召开潮澄饶丰地区党的干部扩大会议，传达边区党代会精神，以及韩东地委（1949年1月改名韩江地委）决定，传达闽粤赣边区党委关于扩军成立第四支队的决定。同时总结了从抗战全面爆发以来平原游击战争的经验教训，分析当时潮澄饶平原游击战争的条件，提出潮澄饶丰武装斗争的方针和任务。

1949年1月，中国人民解放军闽粤赣边纵队宣告成立。5月18日，中国人民解放军闽粤赣边纵队第四支队宣布成立，许杰任司令员，黄维礼任政委。韩江支队在凤凰后河村举行庆祝成立大会和阅兵仪式。原韩江支队正式被编入“边纵”。第四支队司令部设于石靠脚。至此，凤凰解放区的红色武装，由原来的十一团发展为十一团、十五团和一个独立大队。

1949年9月22日，被南下解放大军穷追猛打、溃逃至粤东的胡琏兵团2个团约2 000人，疯狂地向凤凰解放区进犯，遭到驻凤凰解放区的“边纵”第四支队和凤凰人民群众、民兵游击队奋起抗击。生于斯长于斯的陈琴，和五股父老乡亲一同拿起武器，投身抗击胡琏匪军的战斗。在10月2日、4日于飞龙径、石壁山、飞凤径、白藤坑等地对敌伏击战中，众人毙伤敌约70名，缴获物资20余担、武器弹药一大批。

10月22日下午，许杰率第四支队先遣队，进占潮安县国民政府。当晚，驻守城东笔架山的省保安一团二营宣布起义。潮安县城解放。

在夺取解放战争全面胜利和中华人民共和国成立的光辉历程中，石靠脚乃至全高升的人民群众，作出了可歌可泣的牺牲和贡献。

石靠脚的人民，包括老游击员、地下交通员巾帼英雄陈琴，他（她）们把青春留在了这片红色的大山中——还有那悲壮的故事。

一缕晕红的阳光，透过枝叶，照射在老人刻着近百年岁月的脸上。

故事还在继续……

一间民房

詹佳慧

这是一间
不起眼的民房
小院、绿树、清水、阳光
这里平淡无奇
这是一个
秘密的基地
代号、敌情、通信、伤员
这里危机四伏
那天
四面阴霾褪去
它从黑暗中走出
啊！阳光
它终于触碰到了阳光
可是，它也知道
是时候离去了

隐去满身伤痕
以一个新的身份
归来

不　朽

黄　娜

古老的记忆开出了花儿
一朵旱金莲
无影无形。灵魂
裹浮着东岩之山
燃烧成信念的烈火
时空与历史交汇的尘埃。巍峨
听，是那热切呼唤着解放与自由的号角啊
看，是那衔着和平与统一橄榄枝的飞鸟噢

谁把永恒的传奇镌刻在辉煌的落日
泯然一笑，闯进亿万同胞的大漠孤烟里

1948 年 10 月
千年古刹从酣睡中惊醒
烽烟四起，猛虎凝视对峙

碧血东流，英雄怒目而视
三路成剑破狼豺
千岩万壑险中立
敬爱的党与人民子弟兵嘿
日月见证你们的凛然大义
乾坤回荡你们的峥嵘传奇
春花秋月夏日冬雪——
此刻所有盛放的美好，皆是你们含着滚烫的泪水
为轩辕谱写的一首诗

光明普照华夏大地。锦绣
山河万里。铭记

斗转星移
乱世的呐喊早已消逝在东岩寺上空
然而青山不朽
大地不朽
烈烈英魂与赤子丹心
永垂不朽!

革命丰碑

新中国成立后红色纪念场所

丰碑长在　英魂永存

王静如

“攀枝一树艳东风，日在珊瑚顶上红。春到岭南花不小，众芳丛里识英雄。”正是人间三月天，从潮州市潮安区庵埠镇新安大道拐进亨利路，远远望去，火红的激情在我的眼帘中燃烧着，革命烈士纪念碑在英雄花的拥簇中矗立着。

步入草木葱茏的碑园，春风拂面，阳光洒落一地灿烂，丝丝淡淡的绿从土里钻出来，纪念碑在我目光的注视中渐渐高大起来。1957 年秋，中共潮安县委、潮安县人民委员会为纪念新民主主义革命时期和新中国成立初期牺牲的 40 位烈士，在这里建立了纪念碑。今天，“革命烈士纪念碑”7 个嵌瓷大字依然熠熠生辉，左面碑刻“人民功臣”的名单，镌刻着 40 位烈士的姓名和牺牲时间，英雄的名字依然闪烁光芒。

纪念碑下，8 位烈士的传略和生平碑刻以纪念碑为中心，环绕成一圈，引领我们走进烽火年代，引领我们领略英烈们用热血为新中国的成立写下的一首首可歌可泣的壮丽诗篇，引领我们见证中国共产党与时代同步伐、与人民共命运的百年征程。

许甦魂，1896 年出生于庵埠凤岐村，红七军政治部主任，中国共产党侨务工作的先驱，红军出色的政治工作干部。碑刻周围绿意盎然，生机勃勃，少年许甦魂满怀激情写下这样的诗篇：

“今天”已在消逝，必将永远消逝。
“明天”已在到来，定会迅速到来。
月转星移，是宇宙的自然现象。
这黑暗社会的今天啊，要人们来赶跑！
用血和汗，创造美好的明天！
用欢笑和热泪，迎接胜利的明天！

正是这位意气风发的少年，后来把自己的一片热忱投向了家乡的教育事业。1920 年，他在家乡首开先河，创办了凤岐女子夜校，他在开学典礼上掷地有声的演讲——“女子赋有与男子一样的平等权利。男子应该接受教育，女子也有权进学堂，为做一个新女性而读书，为做一个新国民而读书”，激励着当时的女子努力读书，引领着一代又一代的女性挣脱封建思想的禁锢。他还把师塾澄源学校改名为凤岐小学并对其进行改革。2004 年，庵埠镇政府在凤岐小学设立了许甦魂烈士革命事迹展览室。星星之火，可以燎原。“许甦魂”的名字刻在了一届又一届凤岐小学师生的心中，“弘扬革命精神，传承红色基因”的种子在莘莘学子中不断播撒。

卢根，1910 年出生于庵埠官里村，著名的革命宣传鼓动家，抗战初期以善于宣传发动群众、团结争取抗战对象而称誉潮汕。春风扑面而来，恍惚间，一串凌乱的脚步声闯入我的耳朵，震耳欲聋的声响在耳膜中震荡着——“你敢背叛家庭，难道不怕家庭抛弃你?”“事业不果，你将奈何?”一个大义凛然的声音马上在风中回旋着——“爱国爱民的决心由我下，承不承认我是卢家人，由卢家定。”“不成功，便成仁!”落其实者思其树，饮其流者怀其源。说完这些大义凛然的话语，这个男儿在泰国的码头上毅然向自己的四叔父下跪，男儿膝下有黄金，他跪在了这片比黄金还珍贵的报国报民的丹心上。志坚情切的他感动了怒气冲冲、带人前来追赶他的叔父，换来了叔父的慨然长叹："人各有体，体各有心，心各有志，你志已决，让你走吧，只是各事须加小心。"此前因为他参加革命，家人为了保护他，以免他身陷囹圄，强行把他送到泰国软禁，加强管教。这一跪，这个男儿摆脱了家庭的羁绊，踏上从泰国归国的征途。这个男儿就是卢根。心中有信仰，脚下有力量。几经辗转，他回到朝思暮想的故土，以宣传作为有力的武器，团结人民，反对日本侵略者和封建剥削压迫，演绎了一幕幕感人的故事，成就了自己的爱国情怀和民族气节。

辛国基，1905 年出生于庵埠乔林村，1931 年 4 月任中共潮澄澳县委庵埠区委书记。碑园里的塔松挺直腰杆，扫视着周遭的一切。阵阵花香扑鼻而来，那是肥皂的香味，一间堆满木材的小店在香味中浮现了，木工辛国基在小店里忙活着，手里边拿的不是刀斧，也没有钉子，而是一块香味四溢的肥皂，他刚刚在自家的木工店开设肥皂工场，生产、销售"巨擎"牌肥皂。是什么让这个木匠家族的后代，在祖祖辈辈的营生领域上，选择了另一条与木工毫无瓜葛的营生之路？是一种信仰，是一份责任，是一种担当！"小长桥那边要一些肥皂，我送过去。"有人跟他打了声招呼，用篮子装了些肥皂，出门了。那是东江特委委员张敏，他和辛国基就是靠制造和经营肥皂作掩护在开展秘密工作的。当官避事平生耻，视死如归社稷心。这位区委书记用胆识和智慧，使庵埠区委在短短的一年里建立了桥边、小长桥、马西、岐山、铁路五个支部。

郭才，1908 年出生于庵埠郭陇村，1933 年秋任庵埠区委书记。"轰……隆……隆"，天边隐约传来一些不寻常的律动，那是大自然最最原始的律动——春雷响了，那股撕碎天际的沉寂和压抑、勇往直前、无所畏惧的气势还是让人感到心悸。1935 年 5 月的一天凌晨，在庵埠官里村新桥头孵鸭店发生了一场激烈的枪战，在我的眼前浮现。凌晨五时许，犬吠声、惨叫声、啼哭声、枪击声弥漫着整个村子。一个沙哑的声音号叫着："郭才，你已经被包围了，快投降吧……"郭才，这位当时令敌人闻风丧胆的区委书记，当天和区组织委员陈学、交通员翁耀存从郭陇村出发，前往乔林执行任务，当晚在地下交通联络站——官里村新桥头一家孵鸭店住宿。

不料他的行踪被流氓郭的禾发现并报告给驻守庵埠的郭芳圃的侦缉队，郭芳圃闻讯立即通报驻军一起行动。已发现没有退路的郭才，很快镇静下来，和战友商讨对策。疾风识劲草，烈火见真金。三个人很快搬出了店里隐藏的枪支弹药，开始分工协作，准备殊死搏斗。郭才打开枪栓、瞄准、扣扳机，啪啪啪……外面惨叫声不断响起。人数悬殊的激战，持续了三个多小时，两位战友先后倒下。子弹用光了，郭才只能拖着鲜血染红的身躯隐藏着。突然，屋顶出现了几处光亮，枪声从光亮处迸发，郭才缓缓倒在血泊中。天下至德莫大于忠。鞠躬尽瘁，死而后已！这位出身贫寒农家的区委书记，用生命维护了自己的信念，诠释了对党的事业无限忠诚的大无畏精神。

陈新宇，女，1897 年出生于庵埠官里村。1922 年在外文里村棋杆巷创办庵江女校，招收女生入学，并担任教师。1924 年参加革命，后来赴广州，积极参加中国共产党领导的妇女运动。1929 年被国民党逮捕杀害。拙笔难倾诗作典，谁言女子只娇柔。陈新宇那份顺从心灵的呼唤、追寻崇高理想的执着让人感动，那种巾帼不让须眉的果敢和毅力让人钦佩。

莫添，1899 年出生于庵埠莫陇村。碑刻旁青青草色齐，像希望的火苗一样拥抱大地。火的活力，火的气息跳跃着。莫添，这位汕头市工会负责人之一，身后站着无数汕头火柴厂的工人，正慷慨激昂地和资本家对峙着。那场景很快幻化成燃烧的火柴绽放出希望之光，将黑暗燃尽，将光明释放。

郭正娟，女，1919 年出生于庵埠郭陇四村。不知不觉间，阳光收起满地的灿烂，头顶上的乌云密匝匝往下压，不一会儿，洒下一串串水珠，淅淅沥沥地砸下来，那是对一个十五岁少女英勇就义的呜咽。1931 年，郭正娟参加红军，不久加入中国共产党，并担任县委的交通员。她的家位于郭陇“耕丝内”，那是革命同志开会的场所和联络点。1934 年 2 月 10 日，潮安县“剿匪”队包围郭陇潮澄澳县委的活动点。县委已先行撤离，但被捕的地下工作人员有十多人，叛变者引领敌人包围“耕丝内”，在郭正娟家中搜到县委的文件和上个月红三连攻袭刘陇没收的几件衣物，于是她被逮捕了。十天后，坚贞不屈的她英勇就义。豆蔻年华，多么美好的年纪！她在最灿烂的时光，燃烧青春和生命，抒写赤诚和忠心，谱写了一曲荡气回肠的革命英雄主义的慷慨就义歌。

杨启边，1922 年出生于庵埠外文村。1948 年参加中国人民解放军，不久加入中国共产党。1950 年 6 月，朝鲜半岛战争爆发，10 月，中国人民志愿军跨过鸭绿江，拉开抗美援朝战争的序幕。杨启边参加志愿军，在一九七师五九一团任班长，1951 年 3 月 4 日在战斗中牺牲。雨珠儿串成一块大珠帘，我仿佛看到电影《上甘岭》正在上演，抗美援朝进入最关键的决胜阶段，在断水断粮的坑道里，中国人民志愿军顽强抵抗、浴血奋战，坚守了二十四天，粉碎了美军的阴谋。“一条大河波浪宽，风吹稻花香两岸，我家就在岸上住……”电影中的插曲《我的祖国》，甜美的女高音在我的耳畔萦绕。我想，正是带着这份汹涌的思乡之情，志愿军战士义无反顾地跨过鸭绿江。“这是强大的祖国，是我生长的地方，在这片温暖的土地上，到处都有和平的阳光……”经典永流传！正是这激情澎湃、气势磅礴的家国情怀，鼓舞着一代又一代年轻人，像杨启边烈士一样，为保卫这个美丽的祖国，增强民族自尊心，鼓舞世界人民保卫世界和平、反对侵略的意志和决心，前仆后继地负重前行。

雨雾弥漫，如烟如云。英雄是民族最闪亮的坐标！眼前这座高高耸立的革命烈士纪念碑，在我的心底闪闪发光。恰是百年风华，许许多多像许甦魂、卢根、辛国基、郭才、陈新宇、莫添、郭正娟、杨启边一样的烈士，为了人民的幸福、民族的解放、国家的富强，抛头颅洒热血，他们的浩然正气和英雄气概在中国共产党的百年历史中熠熠生辉，他们为这部践行党的初心使命的历史，这部党和人民心连心、同呼吸、共命运的历史，诠释了深刻的内涵。丰碑长在，英魂永存！这一股股在中国共产党波澜壮阔、气象万千的百年历史长河中凝聚起来的弥足珍贵的精神力量，必将继续激励中华儿女鼓起迈进新征程、奋进新时代的精气神，为中华民族伟大复兴的中国梦续写更加壮丽的诗篇。

庚子年谒春涛亭

陈丹玉

○
○
○
○
○
○
○
○
○

六角亭子六玲珑，志士丰碑立其中。以笔为剑斩凶顽，春涛勇烈世赞颂。

六角亭子六玲珑，湖光山色抱怀中。兴学育才启民智，春涛英名耀长空。

六角亭子六玲珑，英雄留迹湖山中。青春无悔献革命，追涛逐浪气如虹。

庚子年冬，自觉世务纷纭，又兼杂疴缠身，我的心境颇为灰暗。立春那一天，阳光穿破云层，辉照古城。走在路上，我突然想起朋友曾为我介绍位于西湖山麓的春涛亭，言其环境清幽，建筑精美，刻载了志士李春涛的事迹。我当下决定抛开一切烦恼，前去拜谒。

初春的西湖公园，青山淡冶，柳丝绰约，曲栏幽榭，清新如画，更有寄心松竹、取乐鱼鸟的逍遥客徜徉其间，为幽境带来喧语和热力。

我在“潮州革命烈士纪念碑”前停留，回忆起1995年的清明节，我们一群师范生在老师的带领下，冒雨步行前来祭祀烈士的往事。那是一个永难忘怀的时刻：同学们把亲手制作的黄纸花敬献在纪念碑前，一朵朵，一层层，汇聚成塔，而我们的心也像雨中的花瓣一样，轻轻洒落敬仰和追思的雨滴。只是当时的我，还不知道纪念碑北面所镌烈士名字，第一个就是李春涛。

这湖山中哪里才是春涛亭的确切位置？我一路问询。

一位正在锻炼的长者，拳脚收势回定，静立调整呼吸。我乘机向他问路。他用中气十足的洪亮声音说：向涵碧楼走去，经过周恩来演讲处的古榕树，看到贺龙将军等人的塑像，一位一位瞻仰过去，就快到春涛亭了。

我欣然致谢，快步向涵碧楼方向进发。走到彭湃的塑像前，我不由得停下了脚步，浮想联翩……

彭湃，这位被毛泽东称为“中国农民运动大王”的革命先驱，是李春涛的同学、战友、知己。在日留学期间，李彭二人共研革命典籍，相许赤心报国。归国后，李春涛投身教育，积极传播进步思想，协助进步学生活动；彭湃则深入海丰农村，唤醒贫苦民众的反抗意识，领导农民运动。战斗之初两人都经受过军阀的抵制，但惊涛骇浪的历练，使得两人的友谊更加深厚。1923 年暑假，李春涛应彭湃之要求，在刘察巷家中，奋笔疾书，写下了《海丰全县农民泣告同胞书》，痛切陈词，以激发人们对海丰地主豪绅阶级的愤恨。《泣告同胞书》面世后，地主豪绅阶级和香港的反动报刊，继续对海丰农民运动及革命者进行造谣诬蔑，在这种情况下，李春涛又挺身而出，在北京赭庐写下了长篇论文《海丰农民运动及其指导者彭湃》，全力支持彭湃从事农民运动的革命事业……

这一对莫逆之交，在大浪淘沙的激流中并肩前行，当时人们合称他们是“澎（彭）湃的春涛”。李乃国民党左派，彭是共产党员，身份虽有不同，但革命路上两人始终肝胆相照。其友情之真挚，令一百年后的我伫立神往。

告别彭湃塑像，我沿着湖滨路快步前进，走过水声潺潺的假山园林，抬头见到高高的绿篱背后，有一金色亭盖正映日生辉，华光璀璨，点亮一片山崖。很快，一条修筑得规规整整的花岗岩阶梯向我正式发出邀请。

拾级而上，便进入一个宽敞的平台。米灰色石板铺砌的平台面积约四十平方米，台面洁净，没有一棵杂草，也不见雨水积渍的痕迹。

我把目光聚拢，春涛亭带着阳光的暖意，出现在我的眼前。看到它的最初一刻，我的心灵为之震撼、陶醉，而形容的词语竟是贫乏。建筑师一心以比例、尺度、韵致及色调来取胜，使得用文字对其进行精妙描绘的可能性变得极小。我只能用我的相机，拍下它琉璃覆饰的双层六角亭檐上飞瓴高耸画出的美丽弧线，期待着将它变成画面能搭建起通往文字的通道。若一定要说初遇春涛亭带给我的最强烈的感受，那就是它刚劲英挺的身姿，勃勃向上的气概，使正面走向它的人产生一种错觉：不是人走近亭子，而是亭子走向了人。

我暂且放下对亭子轮廓线的迷恋，转而去观赏它面与体的构造。果然细部修筑得非常精致！斗拱、月梁、明栎、雀替、角梁等，无一处不精雕细刻，无一处不秀美。

正面南向的柱子上，镌刻着楹联“春色来天地，涛声壮山河”，顶上匾额书“春涛亭”。“春涛亭”三字为金漆行书，笔力遒劲，横竖勾画间恍如卧虎藏龙。而楹联为绿漆描画的行书，笔画如龙马奔腾，笔意酣畅淋漓，落款和钤印完好，正是时任广东省政协主席、著名书画家吴南生的作品。

亭中竖立着一座石碑，镌邓颖超同志题写的“李春涛烈士永垂不朽”九个大字，背面镌中共潮州市委、潮州市人民政府撰写的碑记。

碑记开篇第一句话，掷地有声。“吾潮志士李春涛，乃一代革命英烈，浩气长存，遗范足式。”是的，虽然李春涛志士牺牲在 1927 年 4 月 27 日的深夜，年仅三十岁，但他永远活在人民的心中。为弘扬先烈的革命精神，激励来者，中共潮州市委、潮州市人民政府在李春涛烈士诞辰九十周年，即 1987 年，特别修建了这座亭子，至今已有三十多年了。

人们看到春涛亭时，便会想起李春涛对潮州教育的贡献：开一代风气，创教育新篇，提倡女子教育，主张男女同校。据杨精华《金中第一批入学女生健在者——翟肇庄老校友访谈录》的记载，1921 年，金山中学在城区遍贴招生简章，招收女生入学，给予其优待，女生一律免收学杂费。那时社会上，人们的封建意识十分浓厚，对此非议纷纷，许多人摇头摆脑，说什么“破坏了祖宗法规”“打乱了三纲五常”，甚至在男女同校的招生简章上涂写“无耻之尤”的字样。可想而知当时任金山中学教务长的李春涛，在这项工作上承受的压力有多大。但是在他及张竞生校长的坚持下，第一批八位女生顺利入学，三年后学成毕业全部走上教育岗位。招收女生的创举，在社会上激活了新的机制，推动文明前进与更新，功莫大焉！

继教务长之后，李春涛又任金山中学的代理校长，他以伟岸气魄将学校教育与社会斗争结合起来，大力支持社会青年的进步活动。在他的影响下，金山中学不少学生接受了进步思想，后来走上革命道路，如“左联”七常委之一的洪灵菲就是其中的佼佼者。

人们登临春涛亭，便会想起李春涛对中国革命事业的贡献：他任《岭东民国日报》社长期间，紧紧依靠中国共产党的领导，使报纸真正成为中国共产党的喉舌，在指导潮梅地区的革命斗争中发挥了重要作用，有力地促进了潮梅地区反帝反封建的民主革命运动的发展。

1925 年至 1927 年间，历任国民党汕头市党部委员、宣传部部长，潮梅特别委员会委员以及《岭东民国日报》社长的李春涛，工作十分繁忙，常常废寝忘食，通宵达旦地工作。他满怀革命的激情，经常自己动手撰写重要的评论和文章，对革命理论作大力宣传。由于李春涛坚定维护国共合作，以报纸为阵地，痛斥敌顽，揭露分裂阴谋，毫不妥协地与国民党右派进行针锋相对的斗争，因而引起了国民党右派和土豪劣绅对他的刻骨仇恨。1927 年春，李春涛被免职、诱捕、残酷杀害。

这位学识渊博、才华横溢、英勇无畏的战士为中国人民的革命事业献出了宝贵的生命。

烈士功勋，彪炳史册，歌之咏之为不足，于西湖公园中修建纪念亭，比起任何其他的方式，更能寄托潮州人民对志士的无限敬仰和绵绵追思。而矗立湖山间，风雨三十余年，春涛亭不知激励、启发了多少后来人。宛如今日，意志消沉的我步入春涛亭的怀里，于拜谒之后、赏读之间，展开深远的思考，获得良多的教益，然后步履坚定地回到自己的岗位上，继续革命，继续成长，变成更好的人、更强的公民。

春涛亭，等着你，走向你。它的精神，永垂不朽。

追寻世田红军路

杨穗佳

潮安世田村，位于潮州市潮安区登塘镇西北端的偏远山区，群山环绕，对很多潮州年轻人来说，可能还是个陌生的地方，深闺未识。然而，历史的苍茫岁月从没有泯灭对她的记忆，八十多年前战火纷飞的革命年代，这里是闻名遐迩的中国工农红军第十一军（第二军）部驻地。在极端艰难困苦的战争环境中锻造出来的中国工农红军，以“敢教日月换新天”的豪情壮志，在这里抒写着潮州革命史上可歌可泣的壮丽诗篇。

怀着对革命先辈的由衷敬仰，初春的日子里，伴着细雨清风，我与区志办的同志沿着曲折的山路蜿蜒前行，踏上了世田村这片神奇的革命圣地。这里远离中心城区，山高谷深，植被茂盛，到处舞动着绿水青山的灵性，流水也充满秀气，沿着山涧汩汩流下，欢呼雀跃，汇入村道小路旁的沟渠中，清澈见底，给人坦荡又怡心的感觉。

我们乘坐的汽车在进入世田村道约一公里的路旁缓缓停下，绵绵雾霭中，映入眼帘的是一座近六米高的庄严肃穆的烈士纪念碑，沿着碑前宽阔的台阶拾级而上，伫立凝视，深深鞠躬，我仿佛感到时间倒流，看到了烽火连天。碑上铭刻着二十二位世田革命先烈的英名——古华、李汉、蓝永生……潜心默念，恍如置身于战火狼烟的历史长河，感触到中国革命斗争的波澜壮阔和艰苦卓绝。翻开党史，那是一场抛头颅洒热血的豪情壮举，当年八角楼的青油灯下，毛泽东写下了《中国的红色政权为什么能够存在?》《井冈山的斗争》等光辉著作，已为茫茫的中国革命照亮了前进的道路。星星之火，可以燎原，1928 年 3、4 月，中共东江特委派出古大存、李斌到潮安北部的归仁区（现古巷、登塘、田中一带），与潮安县县委委员、归仁区党组织负责人张义廉联系，商议建立据点。1929 年初，中共潮安县委就开始在古巷、登塘、田中一带发动群众闹革命。次年，方方、古大存、卢笃茂等革命先辈，以大小葫芦、锡坑坪、丰顺八乡山等地为据点，创立了中国工农红军第十一军，由古大存任军长兼政委，浩浩荡荡地揭开了岭南革命斗争的序幕。军部成立后，方方等人迅速组织群众开展革命武装斗争，以世田村为第二军部据点，先后出征攻打了潮安新亨、下棖、田东的国民党乡团，斗争范围拓展到揭阳和丰顺接壤边区。在丰顺的鸡西溜战役中，工农红军浴血奋战，斗争进行得十分惨烈，激战了一天一夜，由于敌我力量悬殊，蓝永生等二十二位先烈牺牲了，烈士的忠骨后来被世田村民迁移到此处埋葬，立碑以供祭念。仰望这记载着丰功伟绩的烈士纪念碑，我心潮澎湃，世田先烈们在家与国的选择中，选择了国的利益，舍弃了家的牵挂，凭着信仰的力量，排山倒海，勇往直前，感天地，泣鬼神！

离开烈士纪念碑，我们参观了周边的红色文化长廊和古戏台，沿着村中的小路徒步继续前行，走过河沟旁，踏上堤岸边，到处绿树成荫，鸟声啾啾，它们如同哨兵守护着这片静美的土地，让潺潺的流水荡涤着每个人的心灵。走出主村后，山势渐陡，雨势增大，湿润了山路，增加了穿行的难度，一番跋山涉水，我们来到了伯公背上一座高大隐蔽的山洞旁。这是一个以天然巨石覆盖形成的石洞，洞口宽七八米，高三四米，正前方安插着一面中华人民共和国国旗，高高的旗杆上，鲜艳的五星红旗迎风飘扬。石洞里面不大，仅十米见方，据说当年红军和赤卫队经常在此处研究部署作战计划，是革命的秘密据点和集会地。踏进山洞，顿感凉风习习，地面潮湿昏暗，抬头一望，发现洞内有洞，后洞口虽被藤蔓覆盖，但透来的光线依稀可见，扒开少许藤蔓，见后面洞口可直达山顶。据说这个洞穴当时聚集过三十多名红军和工农赤卫队战士，可见革命环境十分艰险，即便藏身其中，也随时面临暴露的危险，所幸后洞能连接上下山通道，当敌军突袭时可紧急疏散。工农红军面对百倍于自己的国民党官兵，在此坚持了长达三年艰苦卓绝的革命斗争。

如今，白驹过隙，时光流转，战火纷飞的年代早已远去，老石洞依然静静矗立着，岿然不动，她饱经风霜，阅尽世间百态，却又风华正茂，仿佛在诉说着一个个撼动人心的故事。我感悟到，近百年来，尽管风云变幻，老石洞作为那段红色历史的见证者，用那苍劲的山石提醒后来人，要记住革命战争中牺牲的英烈，牢记历史，才能站在更高的高度，以更宽广的视野来审视中国革命这段雄壮的历史和因此而发生的翻天覆地的变化。

回程的路上，我们又在烈士纪念碑前停歇顿足，久久凝视。雨一直在下，如露如丝，缠缠绵绵，挽留住后辈对先烈的深切缅怀。青山埋忠骨，纪念碑上的每一位烈士，都是一座不朽的丰碑。

汽车慢慢地驶出世田村的地界，前面依然山势巍峨，沟谷幽深，这里蕴含着大山深处的豪迈。我仍思绪万千，难以平静，当下有一种情怀叫"老区情怀"，老区是党和人民军队的根，寻根溯源，才能从革命历史中汲取智慧和力量，英烈们坚定的意志将激励我们不忘初心、牢记使命，奋发前行。

巍巍莲花山，荡荡揭岭南。现在，我们了解到世田人民响应习近平总书记"绿水青山就是金山银山"的召唤，同时用红色基因引领乡村振兴，开展建设社会主义新农村。虽然没有枪林弹雨，但离不开奋斗拼搏的时代精神，他们顾大家舍小家，自觉行动起来清理杂陈，拓宽路道，保护修复红色遗址，建设茶园体验区，提升绿化村居环境。我们一路走来，满眼葱茏俊秀，呼吸着清新的空气，感受着厚重的革命文化底蕴。世田老区以宽广的襟怀，承载一方山水的乡愁情思，正在欢迎四方来客。

又见木棉花开

余林茂

又见木棉花开，这是我第三次谒奠饶平革命烈士纪念碑。

第一次谒奠，是作为一名少先队员。清明节前夕，全班同学在老师的带领下，集体默哀三分钟。那时的脸庞是那么稚嫩，像含苞待放的花骨朵儿，柔和的夕阳照在同学们青涩的脸上，时间仿佛静止了。彼时心中所思所想，早已不得而知，但跟着少先队长的宣誓“时刻准备着”，那句话却是那么铿锵有力，久久在脑海中回荡。以至于这么多年我一直兢兢业业，不敢停下学习的步伐，只因书到用时方恨少，我必须时刻准备着，厚积薄发，勇挑大梁。

第二次谒奠，是作为一名共青团员。高中母校饶平二中就在美丽的栖云山下，毗邻烈士安息之地。在母校要评选国家级示范性高中的那个清明节前夕，我们组织了一次集体祭奠活动，那次还有电视台来采访。当时面对着长枪短炮究竟说了啥，自己早就忘得一干二净。但彼时我早已暗下决心，在这静谧而正气长存的读书圣地，绝不能自甘堕落，必须奋发有为，要有为家国抛头颅洒热血的激情和勇气，这份动力一直激励着我在人生道路上不断开拓进取，不曾消减。

这一次来谒奠，一方面是年前收到了市作协关于红色文化题材文学创作活动的约稿，我近水楼台，选了饶平革命烈士纪念碑，更重要的是，2021 年是建党一百周年，我也毕业五年了，即将从而立之年走向不惑，在这个过程中，我知道只有不忘来时路，不丢初心，才能走得更加从容坦荡，所以我特地来这里寻找精神力量。

饶平革命烈士纪念碑位于黄冈镇石壁山南麓，即壁翁化台墓前方。它建于 1987 年，是饶平县人民政府为纪念新民主主义革命时期为人民解放事业在饶平壮烈牺牲的烈士而建，也是饶平县爱国主义、革命传统教育的重要场所。2018 年 3 月，它被饶平县人民政府公布为县级文物保护单位。

跟我到过的全国其他景区的纪念碑相比，它显然比不上北京人民英雄纪念碑的雄伟，不如长沙烈士陵园的肃穆，更没有广州越秀红陵的宏大，甚至跟石壁山景区内的其他景点相比，它没有粤东一璧那般辉煌，不像丽泽湖那般秀丽，不如纳海楼那般精致，名气更不如漱玉泉响亮，但它却有自己独有的庄严，让人远观近看，皆不敢心生怠意。

纪念碑北倚青山，面向县城，建设面积 384 平方米。建筑分上中下三层，碑高六丈，碑体和周围围栏均用花岗岩条石砌筑，碑顶用黄琉璃装饰，周围有石栏杆围护并设有入口，碑体的正面赫然刻着全国政协原副主席叶选平亲笔题写的“革命烈士永垂不朽”八个金色大字。

纪念碑最耀眼的还属两侧那一棵棵生命力旺盛的木棉。

木棉又被称为英雄花，是广州的市花。木棉盛开时，满树的枝干都缀满着娇艳而硕大的花朵，娇艳似火，耀眼醒目，非常壮丽。也正因为木棉花这独特的美，它也被人们叫作攀枝花、红棉等。它象征着不屈不挠、蓬勃向上的精神，激励着人们不断奋发拼搏。

看到木棉树，就想起了小时候上树下水，无所不能，唯独对筑在木棉树上的鸟巢，只能望树兴叹。所以暑假如果遇上台风天，我们就会去木棉树下看看那个可望不可即的鸟巢有没有被风刮下来。不过整个童年只遇到过一次，但那个是老巢，里面空空如也，啥都没有。原来鸟儿是能感知气候的，台风少的年份，它们会把鸟巢筑得高高的；台风多的年份，它们要么筑得低一点，要么去另找新窝。

可就算是筑得低，我们也拿它没办法。木棉树树干粗而笔直，一来我们抱不拢，二来搬梯子也够不着，就算能抵到一半，可树皮表面还有粗尖粗尖拇指大小的刺，就像榴莲一样，扎人老疼了，所以在我们心里，木棉就像神树一样，用它的铠甲和正直庇护着树上生灵一家老小的平安，我想这或许正是英雄该有的品质吧。

纪念碑基座由三块巨石组成，雕刻着当年革命的场景，还有四百多名烈士的芳名。碑文写道："新民主主义革命时期，饶平人民在中国共产党领导下，进行艰苦曲折的斗争，四百多名革命同志，为人民解放事业，在饶平这片土地上壮烈牺牲，欣逢盛世，诺竖丰碑，以缅怀先烈，激励后人。"碑文的落款日期是1988年元月。

看着那些雕像，我脑海中不由得浮现出当年那个烽烟四起、妻离子散的年代，他们有的是农民，有的是知识分子，有的还是热恋中的情侣，可他们有着一样的热血，一样的梦想，一样的抉择，为了革命舍小家为大家，甚至不惜发出"生命诚可贵，爱情价更高。若为革命故，两者皆可抛"的铮铮誓言。他们的热情，仿佛盛开的木棉花，那么红艳，那么壮丽，那么耀眼。

纪念碑两侧遍种苍松翠柏，精神抖擞，四季常青，就像是一排排持枪站岗的士兵，日夜守护着先烈的英灵，不曾懈怠，显示出革命烈士视死如归的英雄气概。此时此刻，这恬静、淡定的情景令人感慨、肃然。什么风起云涌、如火如荼、壮怀激烈、风云变幻，都在这里得到诠释。忽似烽烟再起，故垒依稀。

不过这么静谧而庄严的空阔去处，却也成了人们晨运晚练的好去处，堪称广场舞大妈的乐园。她们每天身穿红色服装，在纪念碑的一侧，放着节奏欢快的歌舞，跳得震天动地，不亦乐乎！每次我爬山路过时，既欣慰，又纳闷。先烈们用鲜血换来了而今的歌舞升平，安居乐业，我想他们看到此情此景，必定深感欣慰。不过我觉得又有哪里不对，陵墓本该是英雄长眠的静谧之地，我们却以如此喧嚣的方式去搅扰他们，似乎甚是不妥，但我也无能为力，只能心存疑惑，又一笑而过。

树上的红木棉时不时掉下几个，啪嗒啪嗒，我不由得放慢了脚步，一步一步走下台阶，回头仰望，“革命烈士永垂不朽”那八个金色大字，在朝阳的映射下，金光闪烁，直刺双眼，它犹如一座丰碑耸入云端，又如一把长刀披荆斩棘，更像一条长枪直指蓝天，仿佛在宣示着“枪杆子里出政权”，更像在昭示着什么才是生命的永恒！

钟厝岭上映日红

陆利平

钟厝岭，是一座山的名字。山并不高，然则山不在高，有仙则灵。而这里没有仙，却有着革命的英魂、红色的篇章。看，那山头上，一座贴着金色琉璃瓦的亭子，此时在阳光照耀下，正熠熠生辉。纪念亭占地面积约半亩，为钢筋混凝土结构，主体建筑为一正方形亭阁，亭基面积 16 平方米，亭高约 6 米。亭阁上方苍劲有力的“烈士纪念亭”5 个大字由原闽粤赣边纵队第四支队政治部主任李习楷题书。

在新民主主义革命时期，饶平中部地区（包括浮山、汤溪、坪溪、浮滨、新安、东山、新圩、渔村等乡镇场）人民在中国共产党的领导下，经历了长达 20 多年艰苦曲折的革命斗争，众多的革命英烈奉献了自己的生命。该亭就是为纪念牺牲的革命烈士而修建的，亭阁“一壁”（内壁）依山镶嵌的黑色大理石上镌刻有 112 名烈士的英名（其中 66 位姓名不详）。亭下平台建有刘锡三、张修省、杨强林三烈士和农运先驱何存真之墓。

此刻，我站在亭上，俯瞰着山下人来人往，小车大车和那温暖的炊烟。可是在那白色恐怖的年代，在那腥风血雨的时代，阳光亦被上了阴霾。

看，在东面山下的那一条泥土路上正杂乱地走来一队人，这是一支于昨夜凌晨从浮山出发，包围离这里约 2 公里远的一个叫打石埔村的村庄的驻浮山敌军。他们得到消息，在这个 300 人左右的小村子里住着一位共产党员，正在养病，于是如临大敌，派了一个连的兵力包围这个小村，企图一举活捉，好图个升官发财……很快，人们看到有几个敌兵抬着一块门板出来，门板不时滴下鲜血，不一会，到了浮山圩，敌兵将门板放在人群最集中的圩中心，问是否有人认识这个共产党员。此时这个共产党员已奄奄一息，由于原先身体有病，再加上中了枪伤，不久便英勇牺牲了……此时是 1933 年 9 月 17 日上午。他的名字叫刘锡三，是饶和埔诏县委书记。

1929 年 1 月，东江特委派刘锡三到饶平恢复县委组织。当时，摆在他面前的真是重重困难，但他用了很短的时间就恢复了县委组织，并且开展分田分地活动。各乡赤卫队在分田斗争中得到进一步巩固扩大，平民学校、夜校、医疗所、消费合作社、代耕队和修械所等先后成立，掀起一个群策群力建设苏区革命根据地的热潮。

后来，饶和埔县委书记丘宗海在一次往东江特委汇报工作途中遭敌杀害。饶和埔的革命斗争遭遇挫折，进入低潮。

在这关键时刻，东江特委又派刘锡三出任饶和埔诏县委书记，重新组织革命武装队伍。刘锡三受命于危难之中，只身来到诏安，摆在他面前的又是重重困难。在开拓闽粤边革命根据地的艰苦岁月里，为了甩开敌探的跟踪追捕，坚持做细致的发动工作，刘锡三同县委一班人不知熬过了多少个餐风饮露的日夜。白天，他们躲在石下村磜头坷密林中的茅棚里忍饥挨饿；夜间，摸黑到炉坑、赤竹坪、陈坑、粟竹坪等村挨家挨户做串联发动思想工作，经常是顶风冒雨工作到隔天黎明。不久，他们在石下、赤竹坪组建了农会，发展了一批赤卫队员，建立了革命立足点。

刘锡三由于长期处在斗争的艰苦环境之中，深山密林，迂回辗转，挨饿受冻，夜宿石洞，积劳成疾，不幸患上肺病，经常咯血，只得暂时隐蔽到石下村。因缺医缺药，营养不足，在疾病折磨下，刘锡三身体已拖得不成样子了，群众见状，个个心急如焚。妇女们凑在一起计议，为救援亲人，决定在有婴孩的母亲身上挤集乳汁，由尤品姆早晚两次送到刘锡三的床前。

它，何止是乳汁？是党和群众心血交融的甘露，是革命取得胜利的源泉！刘锡三在苏区人民的关心照料下，病情有了好转。后来，为了避开敌人追捕，经余登仁等诚挚说服，刘锡三被送到大埔高陂一位医生家里隐蔽治疗。可是刘锡三身在客地，一心惦记革命工作，终日焦躁不安。

后来，他迫切要求归队，县委把他接回后转移到浮山东洋乡打石埔村堡垒户余剪先家中疗养。此后，他一边治病，一边指导革命斗争。不久，他的活动被反动派发觉。在敌军围村过程中，他于突围时被流弹射中腹部，顿时鲜血如注……刘锡三为革命献出了宝贵的生命，牺牲时年仅28岁。

刘锡三的一生，是革命的一生，为人民战斗的一生。他带领饶和埔诏人民在土地革命战争时期创建苏区革命根据地的丰功伟绩，永远铭刻在闽粤边苏区特别是饶平人民群众的心中。刘锡三烈士的英名，永垂青史。

让我们通过时光隧道，再将历史定格：1926年五四运动纪念日，在钟厝岭脚下的这片土地上，在这个几百年的圩埠上，“打倒封建！”“反对帝国主义的侵略！”的口号声此起彼伏。那是一个叫张修省的青年农民组织的浮山区15所小学1 000多名师生集中于浮山圩举行集会、游行，揭露帝国主义侵华和军阀割据肆虐人民的罪行，并搜查商店、烧毁日货的活动。这是一场何其伟大的运动，这是一场何其扬眉吐气的运动。张修省的组织能力与号召力得到充分显现，要知道，张修省是一个脸上有雀斑、右眼失明的残疾人，那是他3岁时患天花所致。一个正常人都难以在白色恐怖之中开展革命活动，张修省却以一个残疾之身呐喊出“农民要有田、穷苦人要翻身”的呼声，因而得到了广大穷苦百姓和进步师生的支持。

张修省从小就热爱民主革命思想，在1925年5月就秘密往海丰参加彭湃领导的农民运动，历时5个月。同年11月他随东征军回饶平，传播海丰农运经验，点燃了浮山农民运动的火把。

1927年4月下旬，张修省为反对国民党“四一二”大屠杀，发动浮山、荔林、东官、何厝、东洋、湖岭、围仔、桥头等村的农会筹集土枪、火炮、牌刀、梭镖等武器，精选200多名农军于5月5日（马克思诞辰日）奔赴饶城，参加全县第一次工农武装暴动。也因此，张修省被悬赏缉捕。

其舅父劝他暂时躲避一下，并设法帮助他逃往南洋。但张修省为了解放事业，坚决谢绝，继续深入群众开展农运斗争。

八一南昌起义军进军潮汕，根据县委指示，浮山区农会于9月下旬组织农军武装暴动。张修省带领130多名农军攻打国民党浮山区署，赶走官员政警，攻占了营盘（现饶平五中篮球场一带），把农会迁到这里，挂上红色犁旗。10月2日国民党突然袭击，派100多名军警围剿浮山。时张修省正在营盘召开党团骨干及区乡干部会议，部署扩大农军继续开展减租减息，闻讯即果断指挥参会人员安全撤退隐蔽。为了减少损失，张修省沉着销毁文件后才离开驻地，但退路已被敌人封锁。他又机智佯装农民，蹲到田里拔草，但因脸部特征暴露身份，不幸被捕。时上饶农军策应南昌起义军下潮汕，筹划第二次攻打饶城。饶城国民党反动派见势危急，两天后，不经审问便秘密将张修省杀害于三饶狱中。张修省牺牲时年仅21岁。

在他们之中，还有浮山农运先驱何存真，他比张修省大几岁，是共同革命的战友。1925年11月，何存真、张屏薄等与从海丰学习归来的张修省一起，在何厝村（与东洋村毗邻）的何厝庵开办平民小学，组织成立“浮山青年社”，传播海丰农运经验，点燃浮山农民运动的火把，并升起第一面村农会会旗。“浮山青年社”宣传男女平等，宣传新思想，戒烟戒赌。办校采取自愿报名，免费或半费（供老师油盐米之用），招收周边贫民学生（不分年龄），教师职员都是自愿义务的。学校除了教学，还经常帮助调解、解决民事纠纷，所以“浮山青年社”得到了群众的拥护和认可。而这也促进了农会的发展壮大，使更多的人加入农会。参加农会的人数众多，遍及饶平县中片大部地区（渔村、新圩到汤溪西坑、青竹径、东头、溪头、浮滨五址、坪溪杉红、东山长教等）。

这里还有一位16岁的英雄，叫杨强林。杨强林入伍后在边纵第四支队第十一团八连一排一班当战士。部队驻冯田村时，他奉命送信往东界，途经上寨村时，被吴思义部的哨兵发现，无法逃脱，为避免机密被敌人发现，他把纸条捏成一团，塞进嘴里嚼烂后吞进肚里。这是1949年5月的一个夜晚，吴思义审问不出任何有价值的情报，对其毒打，后又以好饭好菜相待，谁知杨强林人小志气大，软硬不吃，最后被吴思义活埋。在临刑时，敌人要将杨强林推下去，他却说："我们解放军，个个都是英雄好汉，不用你们动手，我自己睡下去，上天去见烈士们的英魂，中国快解放了，你们这班狗种要到地下去见阎王了。"说着，他自己跳下去"睡"好了……

此时，朝霞正从东边冉冉升起，钟厝岭上映日红。阳光正灿烂，山上的松柏凝香，更显郁郁葱葱。严冬已消退，岁月在奋斗中远去，今日的我们，已无须与先烈一样抛头颅洒热血。但我们有我们的责任，有我们的情怀，先烈为我们打下的江山，需要我们去建设，而且要建设得更美好。只有这样，才能告慰先烈的在天之灵。

红日鹳鸟

谢育生

大雨哗哗地下着，祠堂前的大池已欲涨满，雨丝像从天而降的绵绵珠线，织成一幅白色的绣帘，悬在水池上随风飘荡，朦胧了远方的绿野，装饰了近处的灰色老屋，池边的青黛的古榕树也变成了长着白胡须的苍苍老者。

古旧又壮观的大祠堂，矗立在茫茫的雨雾中，像一个惯经风雨的宦者，身穿白锦袍，泰然自若，敞开大门，迎接我们的到来。

潮州市潮安区作家协会红色革命根据地潮安区鹳巢乡采风一行，适逢大雨。

这是一座潮汕平原韩江边的古村落，南宋末年，这里古木成林，鹳鸟成群，鹳巢累累，先民在此创乡，并为其取名“鹳巢”，期望子孙后代凌云壮志，飞黄腾达。

遥想当年，红日初升，野旷天高，绿榕如盖，鹳鸟群集，凌空飞翔，云遮霞蔚，翩翩起舞，追逐嬉戏，该是多么壮观美好的一幅田园图景。

先民为避战乱，离乡背井，自中原一路迁徙，途经江浙闽赣，漫漫征途，颠沛流离，几多生离死别，几多风霜雨露，浑身尘土，身心疲惫，来到此处，看到这宜居宜田、境美适憩之所，该是多么欣喜雀跃，舒心宽慰。

定居下来，满怀对未来生活的美好向往，开荒造田，建屋修路，辛勤耕作，敬老恤幼，温馨美好的家庭生活，其乐融融地欢聚一堂，早观日升鸟飞，晚听鸟鸣蛙声，又是多么畅快惬意的意境。

茶余饭后，午夜梦萦，他们是否怀念北方故乡的一屋一草，怀念渐已模糊闪烁的熟悉面孔？是否对一路的崎岖山道、风霜刀剑心有余悸？是否对未来生活不安忐忑，忧思缕缕？是否感觉恍如隔世，浓愁如酒？

落日晚霞，鹳鸟归巢，心如浮云，悠悠惆怅。

既来之，则安之。先民勤劳耕种，兴学育才，培育了闻名遐迩、肉甜个大的鹳巢柑，村里有了一门四进士、一村十四举人的佳话，恢宏壮阔、雕花刻鸟的大祠堂，和天井两侧淋雨而立、黝黑威武的石兽，显示了这里曾有的辉煌成就。

想当年，飞停的鹳鸟，曾挺立于祠堂屋脊，引颈高鸣，声荡云天。

不知几世几代，又不知多少悲欢离合，村里有人为谋生计图发展，告别乡亲，坐着红头船，漂洋过海，到了南洋创业定居。“南浦凄凄别，西风袅袅秋。一去肠一断，好看莫回头。”送君南浦，伤之如何！

他们在碧波荡漾的海面，是否有白色的鹳鸟沐浴海风，翔绕在摇摆的船头，似曾相识？他们在南洋艰难奋斗，是否曾想起家乡鹳巢茂密的柑林和那一个个摆动如红灯笼的鹳巢柑？

南洋的鹳鸟，当你北飞迁徙时，请带去游子对鹳巢乡亲的浓浓思念，对留守亲人的揪心牵挂！

雨停后的鹳巢乡，天净野绿，一片葱茏。

鹳巢乡人民烈士英雄纪念碑，像一个威武高昂的壮士，巍然耸立在村际田野之中。又像一只挺颈昂立的硕大鹳鸟，向天高唳，诉说着一段段激荡人心的鹳巢群众红色革命史。

“嘉树连天碧，果飘十里香”的鹳巢柑园，在新民主主义革命时期成为党领导下人民为争取民主自由、翻身解放的革命斗争阵地，鹳巢成为革命之乡。这里，曾经诞生了潮安第一个农民协会，建立了潮安第一个农村地下党支部；这里，曾经成立了100多人参加的青年抗日同志会，开办了成年女子学校和夜校识字班，组建了妇女党支部；在艰苦卓绝的第一和第二次国内革命战争时期、抗日战争时期、解放战争时期，鹳巢人民的革命斗争星火燎原，坚持不懈，红遍周边乡村，革命精神传承至今。鹳巢乡的一批革命志士，为成立新中国，建设美好鹳巢乡，抛头颅，洒热血，涌现了震惊粤东的“劫火车军火案”“鸡寮案”等许多可歌可泣的英雄事迹，李子俊、李春涛、冯铿等许多英雄人物的名字，永远留在我们的记忆里。

血色残阳，鹳舞九天。英烈们在战斗中舍生忘死时，在遭受严刑拷打时，在监狱内眺窗思亲时，他们眼前，是否会闪烁着那只追求自由、高冲入云的鹳鸟？他们心中，是否激荡着一个个红色的理想之柑？

我们在纪念碑下，沉思缅怀，思绪万千。

太阳出来了，红色灿烂的阳光照耀着鹳巢乡的每一处屋顶，祠堂，田野，我仿佛看到那群飞腾的鹳鸟，迎着日边飞去，像云霞闪烁在金红色的阳光中！

美丽的鹳巢乡，我们还会再来。

远古那群腾飞如云的鹳鸟，永远留在我的心中，飘荡在我身旁，鸣响在我耳边……

一片红色土地

——记饶平苏区文化公园

余鑫浩

。。。。。。。。。

初春3月，正是“英雄花”竞相绽放的时节！我怀着无限崇敬的心情，参观了饶平苏区文化公园。

“我志愿加入中国共产党，拥护党的纲领，遵守党的章程，履行党员义务，执行党的决定，严守党的纪律，保守党的秘密，对党忠诚，积极工作，为共产主义奋斗终身，随时准备为党和人民牺牲一切，永不叛党。”在明媚的阳光照耀下，新的一批预备党员正整齐列队在公园内庄严的入党宣誓广场上，喊出坚定的誓词，嘹亮的声音回荡在整个公园的上空。鲜红的党旗和满园火红的“英雄花”，映红了整个天空！

此时脚下的这片土地，就是饶和埔县委当年饶平一区区委所在地饶平黄冈龙眼城村。这里，曾建立后方军械修造厂，创办消费合作社和医疗所，设置秘室购销站等，在最艰苦的岁月和巨大的白色恐怖笼罩之下，为苏区军民提供急需物资；这里，曾如火如荼地开展抗租、抗税斗争，以及土地革命、游击战斗，为保存南昌起义的革命火种作出应有的贡献；这里，还曾经是中央苏区秘密交通线上重要的节点，上海—香港—汕头—澄海—饶平黄冈—饶平浮山圩—平和县—大埔县—永定县，叶剑英、邓发、蔡树潘等一大批老一辈革命家都曾从这条秘密交通线安全进入中央苏区……

这是一片红色的土地！早在1926年1月，饶平就建立了中共地方组织，是闽粤边各县中建立党组织较早的地区，1927年7月成立中共饶平县委。土地革命战争时期，饶平作为饶和埔诏苏区的重要组成部分，党组织健全，有自己的苏维埃政权及革命武装。2010年6月3日，中央党史研究室正式确认饶平县属于中央苏区范围，饶平县成为广东省继大埔、南雄之后的第三个中央苏区县。

跟随着公园管理人员陈树标同志的脚步，我们一边听着他的讲解一边来到一处叫“白石山”的革命遗址前。绿树掩映、茵茵草坪覆盖的小山坡上，几块巨石冲天而起。当年这里丛林茂盛、荆棘密布，1930年8月，李枫同志带领20多名武装人员就隐蔽在这里，帮助当地恢复农会，组建了赤卫队。离这不远的地方，有一处被当地村民称为“将军石”的圣地，只见几块山石巧妙分布，大小不一，大的两块斜叠，小的几块分散在两侧，像是一块大石高空坠地，碎作一摊的样子。大石上勒字：“此脑山万代不许侵削残毁。”原来这些石头甚是奇特，石上纹理清晰可辨，像极大脑纹理。“为天地立心，为生民立命，为万世开太平”，当年的革命同志，正是抱着为国家进步、民族解放肝脑涂地的决心和信念，顶着随时可能牺牲的危险，保护革命的火种，终成燎原之势！陈树标老人还向我们介绍道，龙眼城村主要为郑、李、陈三姓聚居地，村里的墩头顶大厝、大宫后东畔间、龙新8横巷14号等地，分别是当年区委、交通站、农会的旧址。大宫指的是“三山国王庙”，“三山国王”出自一个关于英雄的民间传说，原指潮汕界内三座神山，后来幻化成连、乔、赵三人数次在国家危难、人民生活水深火热的时候挺身而出，护国护民。当年饶平的革命先贤们正是在中国共产党的英明领导下，在历史的紧要关头，勇敢地承担起革命的重担。“为有牺牲多壮志，敢教日月换新天！”

如今这处革命摇篮之地已经建成苏区文化公园，该公园占地面积90亩，投资1 230万元，绿树掩映，风景秀丽，有综合文化活动室、体育健身广场、演出平台等设施，同时还布置了许多红色历史文化资料宣传栏，不单是全县人民健身活动的好去处，还是大家了解、学习苏区文化的好场所。徜徉其中，重温大革命时代那段腥风血雨的岁月，革命先贤们艰苦斗争的情形浮现脑际，历历在目！我们绝不能忘记在“温子良惨案”中英勇牺牲的林逸响同志及其他 17 位烈士；不能忘记余丁仁等 26 位同志面对国民党反动派疯狂的“进剿”，艰苦卓绝的坚持和斗争；不能忘记为了中国革命胜利、人民解放，义无反顾、前仆后继，抛头颅、洒热血的所有革命先辈们！正因他们不怕艰难困苦，不怕流血牺牲，一往无前，浴血奋战，才保住了祖国领土完整，民族尊严，才有了我们今天亿万人民幸福安宁的生活。

最后，我们移步来到公园西边即将落成的饶平县图书馆、档案馆楼前。大楼高高耸立，设计巧妙，极具现代风格，曲折的穹顶似乎向人们诉说着革命道路的艰辛和曲折，巨大的玻璃幕墙映着红日，鼓励着新时代的人们，继承先烈遗志，努力拼搏，奋勇向前，为伟大的中华民族复兴贡献自己的一份力量。

为了心中那一个春天

陈俏洁

“啪嗒——”一只麻雀想从屏风下方的镂空处穿过时，被细窄的缝隙卡住。它本能地扇动翅膀，意图挣脱，扑腾中发出声响，其中有一声略大，吸引了我的注意。转头看时，它正好穿了过去，又灵敏地冲向屋顶，只留下一条顷刻消失的黑线。

那里几只它的同伴簇拥过来和它一起飞走，哗啦啦……没入拱起的屋顶的另一边。

它们飞去又飞回，在屋顶的瓦片上蹦跶，站在屋檐边缘远眺，飞进天井来的呢，就在屏风顶部或屏风周围的绿宝树和发财树上弹跳一下，回到屋顶。

这五六只麻雀像一群顽皮的小孩，在自己熟悉的领地追逐打闹，乐此不疲。也可能，它们对我这个陌生来者感到好奇，借由玩闹，保持一定距离地围观我。

而对我来说，在过去的一个多小时里，它们是我忠实的陪伴者。因为这个上午，所处的这个祠堂里只有我一个人，四周静谧安详。麻雀自由舒畅的身影和声响是这里唯一的活跃因子。

这是冬季的最后一天。这座祠堂是黄金塘村的陈氏慄祖祠——顶祠堂。它在村子中心，祠前如同其他祠堂一样“标配”有灰埕、池塘、大榕树。

“金式”屋耳，明艳的屋脊，悬挂红灯笼、竖立石鼓的门楼，两位神武威严的门神驻守的木门，隔着几十公分高门槛儿的祠内，有前厅、一个四方形的天井和后厅。前厅两边各有一个小房间；后厅宽敞通透，高耸的石头柱子撑起红绿交错的梁架，其两边的房间被简化，天井两边的巷子延伸而至，并与其合为一体。

天井上方覆盖着一片四边形的天空，此刻它是饱和度很高的蓝色。金黄的阳光斜照进来，铺设一半的天井和一半的后厅，也折射得整个祠内亮堂堂。

它格局典型，是潮汕平原上随处可见的“四点金”祠堂。但它被修缮、整理、打扫得一尘不染的样子，又昭示它不仅是一座祠堂。如今，古老传统的它正担负着一个新的功能——2018 年 12 月建成开放的“黄金塘革命历史纪念馆”。

天井前方的屏风对着正门摆放，上方的文字介绍的是“黄金塘革命历程”。后厅墙上悬挂一面鲜红平整的党旗，讲台、电视播放器、音响和一排排长条木椅整齐排列，成为开展主题党日活动和革命传统教育活动的红色文化讲习所。

左右两面墙上的展区是馆内的主体部分。“峥嵘岁月”“伟大胜利”“不朽丰碑”“复兴路上”四大主题彼此独立又自然衔接，图文结合、如实生动地将黄金塘村国内革命战争、抗日战争、解放战争的历程和改革开放的建设成果娓娓道来，呈现黄金塘人一百年来走过的不平凡的道路。

黄金塘村有着优良的革命传统，是土地革命战争时期的革命老区和抗日根据地。1925 年 12 月，潮安县第一次农民代表大会召开，黄金塘村也相应成立农民协会，由陈英多担任农会主席，陈英秋、陈桂兴、陈光潮、陈合发、陈老弟等人为农会骨干，会员共有二百多人。当时，潮安县党组织派游少斋到黄金塘村设立地下党组织革命联络站。1939 年 6 月，潮汕沦陷后，为深入开展抗日革命斗争活动，时任中共潮普惠南揭中心县委书记陈初明秘密面授陈炳洲回村发展了陈振平、卓成宜、陈炳城等五个农民入党，成立黄金塘党支部，支部书记为陈炳洲，同时召开了第一次党员会议，并通过组织关系，纳入潮安四区区委领导。从此，黄金塘人踏上了革命的征途。在革命斗争过程中，陈初明等六位烈士牺牲了宝贵的生命。

阅读中，仿佛穿越时空隧道，去到战火纷飞的年代，目睹黄金塘人与反动派和日本侵略者殊死斗争、与地主豪绅周旋抵抗的情形。那是一幅英勇无畏、艰苦卓绝的革命画卷，也是一首追求民主新生活、用双手甚至生命创造幸福的时代赞歌。

在馆内兜兜转转，反复瞻仰和品读中，驻足最久的是右后侧的展区。"不朽丰碑"四个红色大字下方，六张挂画一字排开，一一介绍六位本村的烈士陈超凡、王大福、陈初明、卓成宜、陈宽隆、陈延国的革命事迹和牺牲过程。

此前以为，以如此郑重的方式"纪念"一个人，且是战绩不凡的英雄，照片和文字都不可缺少。但眼前这六位烈士，只有陈超凡和陈初明的挂画左上角附带有一张本人的照片。照片当然是黑白的，陈初明烈士那张甚至混浊失真、辨别不清。而王大福、卓成宜、陈宽隆、陈延国四位烈士，竟然连本人的照片都没有，取而代之的是"革命烈士证明书"和刻有他们名字的革命烈士纪念碑的照片。

内心由此被震动。几位烈士出生于落后年代偏僻地区的贫苦农家，不曾拍摄照片似乎正常不过。当面容不成为记忆点，他们的名字却更鲜明起来。人固有一死，但生命的价值未必不可延续。肉体作为生命物质性存在终将泯没，为国为家为子孙后代创造一种崭新生活却永远不会消散。再一次真切领悟到"有的人死了，他还活着"这句诗的含义。英雄远离，但他们的精神却永远闪光，继续照亮后方前进的道路。他们留下的那么多，谁说他们不是永远活着呢?

令人震撼的还有，六位烈士牺牲时都年轻至极。其中，最大的是不过37岁的陈超凡。而十几岁就开始教书，20岁出头就因掩护同志被敌人逮捕，最后因坚贞不屈被活埋的陈初明，仅26岁。此外，王大福牺牲时27

岁，卓成宜牺牲时29岁，陈宽隆牺牲时34岁，陈延国牺牲时29岁。

像正午的太阳，光芒万丈；像刚盛开的花朵，娇艳芬芳；像春天的河流，奔流不息。二三十岁，是一个人一生中最美好的年纪。这段时期青春焕发，风华正茂，既褪去不谙世事的青涩，也有大干一场的豪情。

本可以过上另一种截然不同的人生，但六位烈士选择把这大好青春投身到伟大的革命事业中。那时，他们只是平凡的人物、普通的村民，只是哪里有压迫，哪里就有反抗。面对敌人毫不留情的枪口和豪绅凶狠野蛮的屠刀，他们或许也犹豫、胆怯和退缩过，也想到过家里的老小和自己的未来。但崇高的信仰和执着的追求是一股巨大的动力，他们明白“政权都是枪杆子里打出来的”，相信道路曲折而光明，做到想得到期望的未来就得奋起直追，竭尽全力斗争。哪怕最后，一生中最闪亮的光芒骤然湮灭，青春戛然而止。

人们总说，生命的价值不在于生命的长度，而在于生命的宽度。这六位烈士正是用他们短暂却宽厚的生命诠释：年轻的也可以是伟大的。

不禁想到自己，他们经历的年纪我也经历过，并且还处在这个年纪里。26岁的我，在做着什么呢？那时我才大学毕业两年，没有坚定的价值观和人生观，遇到挫折会失落和迷茫，容易轻言厌倦和放弃。新一年很快到来，我也将迎来自己的37岁。37岁的我，又会如何呢？这时候的我，依然有许多的困惑和彷徨，有想前往的方向却踌躇不前。

想到这里，我真为自己的虚度光阴和缺乏梦想而不好意思。不同的年代固然会使人作出不同的抉择，最终成就不同的人生。但，“何为人生的意义”却一样是生而为人需要去思考、探索并付诸行动的命题。

“啪嗒，啪嗒……”飞舞的麻雀打破宁静，把我的思绪拉回来。两个小时过去了，我就要离开。再一次瞻仰眼前的挂画，六位烈士的英灵一定还在守护着这座祠堂、这个村落、这片他们热爱的土地。再一次环顾馆内，临近正午的阳光愈加明亮，带给人明显的暖意。湛蓝的天色被耀眼的阳光稀释成浅蓝。屏风周围的绿植在冬天里一直绿着，来年也将生长得更蓬勃茂盛。

明天是立春。今天鸟儿格外欢悦，原来带来的是春的消息啊。一元复始，万物复苏。曾经，为了心中那一个春天，烈士的鲜血染红大地，开出鲜艳的花朵。今天，这些花朵还在盛放，永不凋谢。“世间真正温煦的春色，都熨帖着大地，潜伏在深谷。”

早上，保管纪念馆钥匙的老人组阿伯，一听我要进来，二话没说，放下手头的工作，抓起钥匙，来到和老人组隔着一座民宅的顶祠堂开门。他边推开门边说，往常早上纪念馆都会开放的，会有孩子们进来读书，也会有外村人慕名前来参观，今天因为年末，老人组里忙，他就没来开了。因为开的是侧面小门，正门没开，没其他人进来，倒是提供一段独属于我的观览、深思、回味和感动的时间。

值得一提的是，本村的农家书屋也设在祠堂内。这莫不是一种巧思——在纪念烈士的地方阅读，就连“读书”这件事情也变得庄严、神圣。

信念果实

伍绍铭

我去寻找一枚鸟蛋
埋入泥土中
得到一粒种子
枕着一个信念的梦
生长出希望的花

孵化的雏鸟，展翅
漆黑的子弹击落天上星
黑暗，绳网囚困天空
树皮在剥落，雷电在轰鸣
风沙跳着不明的舞
星火还能指引方向

我走过很多废墟
见过太多苦难

有来自小岛的屠夫
在喊：地图属于天皇
雄鸡属于日章
传承数千年的文明
弹壳一直往下掉

土地上生长着信念
吸收着土壤的痛苦
结出上万红色果实
果实会燃烧
火苗会盛大
胜利属于红色
先进属于时代的扳机

我会在百年后掀开石块
取出种子，思想传承
在果仁深处的纯净
蕴含着果实的血液

一支步枪的脊梁

郑慕琮

一支步枪的脊梁，横亘于天地
浇铸为纪念碑，哺育着漫山遍野的白鸽
举起一支步枪，向祖国母亲告白
青春的滚烫将托付于足下的苍茫
武装会厚重发芽，斗争自丈量情怀
掏出一支步枪，上膛，瞄准，扣动扳机
饱满的三点一线是最酣畅淋漓的抒情
落红点点，便播撒下红色的种子
星星之火，已启蒙了革命的底色
握住一支步枪，在历史的轮廓里解放焦距
定格一撇一捺，那至大至刚的“人”
泱泱孺子牛，任尔一山放过一山拦
在“人”字道上任真咆哮，滚滚长江黄河直长驱蹈之
站成一支步枪，与岁月共鸣，摆渡呼吸
风唤醒一代又一代的红领巾

拳拳服膺也随之扑面而来，如同

碑文上的名字，芳冢就安顿在亿万同胞的心坎上

目送一支步枪，往上再往上，直至

驻足于这 20.5 米高的边界，只有

中国人知道，这言不尽意的数字担待了一个民族骨子里无尽的海拔，仰望着

一支步枪，洞见史诗里的那一支又一支抗日游击队，一支

步枪的脊梁

初心

——枫溪革命史展馆春日抒怀

翁义彬

。
。
。
。
。
。
。
。
。

阳光，和风
孵暖一个春日的下午
紫凝轩的读书声
从一百多年前的
时光深处隐隐传来——
天地玄黄。宇宙洪荒。
人之初，性本善……

读书声戛然而止
白色魑魅在四处游荡
枪炮声和硝烟弥漫上空
日本人的铁骑更溅出
五千年古国的血和泪
窑火燃烧，千年的

枫溪大地，此时正
凄风苦雨，万物凋敝

一张张照片，一幅幅肖像
回荡起百年前瓷都大地上
红色党旗下的风雷澎湃
周恩来，朱德，陈宗如，李习楷
冯铿，王炳荣，黄锐锋
农会，武装斗争，秘密据点
左联，生擒日军……

凭吊，瞻仰，追思——
我在展馆中久久徘徊
感知瓷都大地窑火的温度
和淬火成器的高雅
三月的阳光如鲜奶
那些沉积在历史深处的
身影和声音一一应声苏醒
光影如午梦初醒
我一次次触摸到自己的初心
在其跳动的砰砰声里
有我继续前行的火焰和光芒

人物造像

致敬潮州大地红色历史人物

苏醒的灵魂，伟大的灵魂

——致敬许甦魂

陈　舜

春天的凤岐小学百花盛开，如玉石般清越动听的读书声，是雏凤立于清晨的山谷中的那一声声鸣唱，抬头，那一轮红日正在升起。这一座有着116年历史的小学，让人记起一个辉煌的名字——许甦魂。

许甦魂，那是已经苏醒的灵魂。

这个苏醒的灵魂是那时处于黑暗中的潮汕大地上点亮的一盏明灯，他激发着更多的灵魂的觉醒、指引着更多的灵魂走向光明。

那时他海外归来废除古文、增设社会科学和自然科学课程的学校体制改革，促使求学、求真、求知的思潮涌动。

那时他倡导男女平等，让解放头脑禁锢的春风吹遍整个家乡，那时他创办凤岐女子夜校，掀起呼唤潮汕女子灵魂苏醒的暖流。

这种种新思想的传播、办学新举措的推行，皆因一个有着响亮的名字的人——许甦魂。

许甦魂，那是侨务先驱者的名字。

他在家乡唤起的是潮汕父老沉睡的灵魂与追求进步的欲望。

他在海外同样唤起广大侨胞的正义感与爱国的热情。

中国革命取得胜利的一个重要条件，是争取广大华侨支持和参加民族解放运动。许甦魂只身闯南洋，寻求救国之路，在大革命时期，他号召广大海外侨胞为祖国和民族生存而斗争。他曾写道："当母亲受到凌辱，是凉血动物可以无动于衷，是热血男儿当举起拳头，拼他个你死我活，爱我中华，乃爱我母亲。"

《华侨与祖国》《列强侵华之鸟瞰及华侨应有的认识》是许甦魂用心血写成的专题课，一言一语皆是风骨，一事一例佐证有力，为什么要团结，为什么要向帝国主义和殖民主义作斗争。许甦魂呼唤着新加坡地区的劳苦华工团结起来、组织起来，支持祖国的革命斗争。

《益群日报》《新国民日报》《缅甸新报》是许甦魂组织广大侨胞爱国运动的宣传阵地。

他以笔为枪向黑暗势力开火，向入侵者说不，他"内容充实、言论正直"，在马来亚华侨中产生广泛影响。

他以笔为火点燃侨胞奋战的热情，真实报道国内反帝反封建斗争情况，配合推进海内外革命运动。

他以笔为刃解剖落后的制度，宣传新民主主义和孙中山"三大政策"，保护侨胞的合法权益，鼓舞了海外侨胞建设伟大祖国、实现民族复兴的信心和斗志。

多少荆棘丛生，多少惊涛骇浪，多少刀剑风霜。

许甦魂凭着满腔的热血和对祖国深沉的爱，日奔夜忙。

他创办华侨学校，培养革命骨干；他建立国民党支部和分支部，也是第一次国共合作时期共产党七人之一；他反对陈炯明余孽的进攻；他发动侨胞支援国内革命斗争；他用苏醒的灵魂与这个觉醒的年代结合，与一群志同道合的救国者心意相通，一同推动着革命前进；他转战海内外，驰骋大江南北，血洒疆场。这样的战士值得我们久久铭记，他的故事值得我们再次说起。

许甦魂，那是英勇奋斗、忠心耿耿的优秀共产党员。

南昌起义时，他是起义系列文件的起草者，"铁肩担道义，妙手著文章”。他是博学、睿智的，他用深厚的文字功夫、发人深思的声音呐喊，帮助党打响武装反抗国民党反动派的第一枪。

百色起义后，他是红七军的优秀领导人，同时也是少数民族耐心、贴心的亲人。他的政治宣传工作在配合部队作战上富有成效，他开展政治宣传教育，秘密发展党员，物色培养干部，在苗山播下了革命火种。他随红七军经黔、桂、粤、湘、赣5个省，转战12 000里，打了100余场仗。

这样一位伟大的革命者，却在1931年9月，在“左”倾机会主义分子葛跃山大搞的“肃反扩大化”行动中，以七军主要领导系“军阀残余”、“七军的人没有一个靠得住”为由惨遭杀害，优秀的华侨早期共产党员许甦魂被害时年仅35岁。

所幸1945年中共“七大”以后，党中央根据广大红七军干部战士的强烈要求，为许甦魂、李明瑞、佘惠等同志平反昭雪，恢复名誉，追认为革命烈士，并载入当时由中央组织部和总政治部合编的《军队烈士英名录》，以纪念他们为中国革命事业所建立的历史功勋。

岁月荏苒，再次读起许甦魂的故事，依然让人泪流满面，一个伟大的灵魂就浮现在眼前，他爱乡爱国，他日夜为党的事业而奔走，保持那么一股劲儿、那么一腔热情、那么一种革命精神，把个人的人生价值实现融入时代前进、民族解放的步伐中。如今他依旧清音独远，他还是蓝天上的阳光、春季里的清风，他用他的坚持与奉献，在历史上留下光明的脚印。

再唱一曲澎湃的春涛之歌

刘广荣

他，绝对是个谦谦而潇洒的美男子。

他，也绝对是个充满救国忧民情怀的奇男子。

他，更绝对是个“非党布尔什维克”，是对党忠诚并为之奋斗终身的伟男子。

悠悠岁月，江河湖海，涛声阵阵激昂，亘古不息，终汇成一曲滚滚向前、气势磅礴的澎湃乐曲。今天，我们再唱一曲澎湃的春涛之歌，是因为乐曲歌颂的是潮州的一位骄子，一位有着火热志向和悲悯情怀的革命先驱者，他叫作李春涛。

从现存的一些珍贵的烈士相片中，我们看到，这是一位风度翩翩而又文质彬彬，勤奋饱学而又自信有为，戴着一副圆镜片金丝眼镜的美男子。这样一位气质文雅的干练青年男子，在今天，应该是个炙手可热的人才，应该是一位一边发挥着才干一边享受着优雅生活的现代社会金领族。可是，在一个世纪前的那些腥风血雨的日子里，这样的人却不可能从容优雅地生活。这样的人为了实现自己的人生理想，为了推翻不合理的社会制度，只能活得奔波而危机四伏，他每时每刻奔走在荆棘丛生的征途，紧张并努力着，却以一个革命者的姿态焕发着别样光芒。

以前，我们接触到的李春涛烈士的相片，大体都是比较灰暗的正面偏侧像，相片由于年代久远并且受其时拍照设备技术所限而模糊失真，只能看个大概。而我们现在看到的李春涛烈士的相片，则非常清晰。相片中李春涛烈士西装革履，雍容大度，留着那个时期时髦的五五分发，圆镜片金丝眼镜后的那双眼睛明亮而睿智。这双精明的眼睛不会看不到那个时期险恶的社会现状。他每天所要面对的除了自己的同志、战友和亲人，可都是国民党右翼的那些阴险的脸孔，这些脸孔说变就变，那可都是些嗜血成性、虎视眈眈的可恶豺狼啊。但李春涛们从来都没有退避，从来都没有畏缩。他们也是人，他们也是一样有着七情六欲的活生生的凡人啊。他们就是眼睛再亮，心里再明，也只能艰难周旋，巧妙应对。他们就真的不想改弦易辙？他们始终从容地一条大道走到底，为什么呢？

其实，只需查查烈士的年表就知道，李春涛烈士 1897 年出生，祖父辈经商，有一间“祥和糖行”，生意做得不错。父亲李秀升以教书为生，伯父李秀稌继承祖辈的生意。李春涛从城南小学毕业后便升入金山中学，及至后来东渡日本进入早稻田大学深造，一路费用完全不用操心。从日本学成回国，李春涛可谓是有才之人贵人多，事业也可谓东成西就，不是教书就是任公职。照着这样的路子走下去，不难事业有成，甚至应该还能光宗耀祖，封妻荫子。可李春涛放着这种清闲人生不要，偏偏忙碌奔波，处处跟国民党右翼的各式人等针尖对麦芒，把《岭东民国日报》当成战斗阵地，当成共产党宣传政治主张的喉舌，以笔当枪。一篇《杀尽知识阶级的是谁?》把军阀陈炯明挑拨青年学生与共产党关系的阴谋彻底暴露在阳光下，并指出陈炯明之流是杀害学生的刽子手，如此种种，不是把自己置于风口浪尖吗?

还记得 1923 年的那个暑假吗？当时，李春涛回家探亲。这本是人生温馨的时段，放在今天，该是天伦齐乐，喜气洋洋。一边温温顺顺亲聆长辈教谕，趋前奉孝；一边情意绵绵与妻卿卿我我，携子嘻嘻哈哈。这样的暑假的过法，正是人之常情。但是，李春涛的这个假期，却是别样闪亮。这个时候，海丰农民运动受到陈炯明爪牙王作新、钟景棠的镇压，彭湃前往老隆，找陈炯明说理斗争。而后，彭湃经五华梅县大埔到潮州。李春涛在潮州刘察巷自己家中，热情接待了这位志同道合的同窗好友。同窗相遇，话不尽的情谊，诉不尽的衷肠，自古至今均是如此。可是，彭湃此行，除了拜会同学之外，最重要的是请这位老同学帮忙起草一份告同胞书。热血之人，肝胆相照。李春涛一想起那些挣扎在社会最底层的贫苦农民的辛苦惨状，一想起那些高举屠刀的刽子手的丑恶嘴脸，胸中便翻腾起如江河湖海般的浪涛，无法止息。于是他奋笔疾书："我海丰农民之不聊生也久矣，然生活之悲惨困苦颠连而无告，则未有如今之甚者……"洋洋洒洒，陈词痛彻，一篇《海丰全县农民泣告同胞书》便终于如一颗威力巨大的重磅炸弹一样，轰动了整个动荡的中国。紧接着，为了继续支持海丰的农民运动，为了声援彭湃的革命事业，李春涛又写下了长篇论文《海丰农民运动及其指导者彭湃》。就是这两篇皇皇之文，仗着雄风吹拂，竟使得中国南方农民运动的星星之火，得以燃得蓬勃渐成燎原之势。

中国人通过对历朝历代各种人事的总结，得出了很多经典的语录，其中有这么一句："出头的椽子先烂。"李春涛烈士作为一个饱学之士，不可能不明白这个道理。战国的屈原，唐朝的刘禹锡，宋代的苏轼，这可都是中国历史上鼎鼎有名的人物，但都因为正道直行，锋芒太露而成了出头的椽子，最终落得个颠沛流离的结局。他一定深知这三位古之贤人，也一定知道这三位古贤的人生遭遇。可是，作为一个革命者，李春涛烈士无私无畏，他或许将这三位古贤的事一览而过，心中无波无痕。而当读到杜甫的诗句时，他更是心有所思，在夜静更深之际，一个人一边踱步一边反复朗诵《茅屋为秋风所破歌》，并被诗人忧民情结深深感染。故而，他笔下才有如此万钧之力，才能如此石破天惊，才能使得敌人如此魂惊魄散。因为，李春涛烈士这身血肉之躯，在与敌人面对面的凛然决战中，早已变成了钢刀和利剑，他早就将自己这根出头的椽子变成了革命的标杆，并用自己的形象，颠覆了古人的那句忠告，以身说法：出头的椽子是最珍贵的。

行文至此，似有点落入历史曾经的俗套，即英雄人物的高大全。写革命志士的文章，最怕就是写着写着，一个不留神就变成一篇言之无物的歌颂文章，这是因为我们被革命志士的精神感动了，就很容易把志士们架到了泰山之巅上。我们还是回到1927年那个不平常的年份吧。

面对已经察觉的灾难，李春涛烈士其实早就闻到了越来越逼近的异常气味。他那双精明透亮的眼睛，从1927年初，就透过两片圆圆的眼镜片，看到了乌云漫天，看到了不祥预兆。曾与其同在《岭东民国日报》报社工作的同事和战友许美勋在1984年3月这样回忆说："有一次，李春涛忧郁地对我说：'不久恐怕有大雷雨，大家能否度过，很难说……'果然，不久就出事了。"时光悠悠，过了这么多年，叙述者已经轻描淡写了，这"果然，不久就出事了"一句，说的就是李春涛烈士牺牲一事。李春涛烈士是睿智的，作为一个革命者，他除了拥有巧妙周旋的必要能力和胆魄外，还必须对时局的变化有充分预见和镇定。但是，纵然预见了时局，重任在肩，明知险情将至，大无畏的责任担当却决定他不能卸却而逃。可就是这样大难临头之时，当许美勋和冯铿在一个深夜准备离开汕头，前来和他话别之时，他还能若无其事地和面前这一男一女两位战友打趣说："你俩'革命'成功啦，可别忘了老朋友哟……"

听到这样的话，虽然隔了将近一个世纪，处于当今美好的和平年代的我辈，依然会由衷地感到李春涛烈士那种大无畏所表现的坦荡和镇定，我们在被震撼的同时，却无法知道烈士当时是怎样一种心境，怎样能在那样一种心境下，还保持着如此的镇定。记得小时候看革命现代京剧《红灯记》，当鸠山一伙来到李玉和家请他赴宴时，李玉和已经心知自己的交通员身份暴露了，此去就意味着永别。于是，他捧着母亲递上来的一碗酒，唱起了《临行喝妈一碗酒》，李玉和藐视敌人临危不惧的革命大无畏精神令人感动不已。我曾经看过一部叫作《永生的战士》的朝鲜革命故事片，革命者金石哲被捕了，受尽酷刑，临牺牲前，面对瞄准自己的枪支，他却悠然自得地抽起了烟，那种视死如归的大无畏神情，我们除了喝彩还是喝彩。但现在想想，那是戏剧和故事片，是文艺工作者们在历史人物或虚构人物的原型上着力塑造的情节，而那些情节是虚构的。当我读了许美勋1984年的回忆材料后，李春涛烈士的这一幕真实而又朴素无华的情节，却实实在在让我心潮久久不能平息，久久不能平息。这就是一个革命者最真实的写照，当险情几近来临的时候，一个外表书生气十足的革命者，居然能对自己的二位战友说出如此贴切，又如此充满人情味的幽默话，我辈除了景仰还是景仰，除了怀念依然怀念。

太史公司马迁在《报任安书》中抒发“人固有一死，或重于泰山，或轻于鸿毛”。这句话并不深奥，却很深刻。太史公将人的死分成两种截然不同的境界，并将崇高的牺牲升于泰山之巅，而将平凡之死寄于鸿毛之飘忽。历史如果真的能够穿越，我们坚信，太史公肯定会再续《史记》，并将李春涛烈士归入忠贞列传，然后酣畅淋漓地大书特书。咱中国人自古至今都是一样，崇拜英雄，礼敬忠义。

李春涛烈士说的那句话，离现在将近一个世纪，我们深情地对烈士说：“不单许美勋没忘记你，全潮汕人民，全广东人民，甚至全中国人民都没有忘记你，永远不敢忘记你和所有一切为全中国人民的解放事业牺牲的烈士们！”

1927 年 4 月 27 日深夜，李春涛烈士牺牲了，潮汕工运领袖杨石魂得知噩耗，悲恸异常，于是，他将满腔革命感情倾注在笔端之上，写下了《澎湃的春涛》这篇悼念文章，寄托自己的哀思。将近一个世纪了，江河滔滔，春潮不息，澎湃的涛声依然磅礴向前，终汇成一曲永远的春涛之歌。这一曲春涛之歌，经久传唱，不绝于耳。曾任广东省政协主席的吴南生，乘着潮州市 1987 年在西湖公园内兴建春涛亭之机，把这一曲春涛之歌浓缩成十个字——“春色来天地，涛声壮山河”。吴南生主席的神来之笔，铿锵有力而又意重情深，顿使潮州的河山增色。从此，李春涛烈士的英名和事迹，与春涛亭一起辉映日月，成为潮州人民瞻仰凭吊的去处。

走访戴平万纪念馆

廖本民　陈晓敏

幽株旁挺绿婆娑，龙眼花开正香时。初夏，龙眼花盛开时节，我和两位摄影家结伴同行，前往潮安区归湖镇凤凰村戴平万故居纪念馆实地采风摄影，感受乡村的人文景观。

接待我们的该村村支书戴建斌，把我们迎进村委办公室，聊了一会儿，然后，带着我们游览了戴平万故居纪念馆。男儿当自强，领略戴平万在居住地勤奋好学、岁月如歌的成长背景……让人羡慕，浮想联翩。

对戴平万这位人物有过研究的王得贵对我说："戴平万（原名戴均），1903 年出生于广东潮安区归湖镇凤凰村（今溪口村）书香门第的家族，从小酷爱读书，1922 年秋考进国立广东高等师范学校，1924 年加入中国共产党，1926 年到上海从事文学创作，著有《陆阿六》《都市之夜》《出路》及相关论文，是中国左翼作家联盟领导人之一，中国工人运动的领导者和先驱者之一，中国共产党早期的优秀的革命家，作家，新闻事业的先驱者——为党的文化宣传工作作出了贡献！"

"1930 年至 1934 年间，戴平万曾间歇离开上海，被党委派到东北（满洲省委）做书记刘少奇同志的秘书，并任哈尔滨地下总工会宣传部长，同当时的东北工人领袖，创立了早期的东北抗日联军，积极组织领导东北地区的抗日斗争。从 1931 年到 1945 年的 14 年中，抗日将领如赵一曼、杨靖宇、赵尚志等领导着无数抗日健儿，用鲜血和生命为中华抗日战争史写下了耀眼的一页。”戴书记深情地对我说着。

读万卷书，行万里路……我怀着敬仰之情，走进戴平万的故居参观，回味着当时他的革命情怀，世界那么大，要学要看的东西很多，人生，一边走，一边领悟，大学毕业之后，投身于抗日救国的革命运动。人生漫路，喜忧参半，一路有苦有痛有温暖，然而，戴平万坚定信念，笑对沧桑，一路阳光！我感受到重温那段时光，感激前人，学习前人。“这座故居是戴平万童年时光和少年生活的地方，他从小热爱学习、劳动，关心别人，懂得关心天下……”仿佛看到他从这里出发踏上红色之旅的路……戴平万故居承载着深厚的革命历史，里面的图片、文字，记录着他光辉的事迹，弘扬着灿烂的革命精神！

溪口村是戴平万故居纪念馆的所在地。村前屋后，沾满露珠的小花，说不出的漂亮。戴平万离开人世已经七十余年，他逝世时只有 42 岁，在他短短的一生中，有一半的时间是在血与火的斗争中度过的。20 世纪 30 年代的中国左翼文艺运动，在共产党的领导下，开展创作，被史学家称为中国现代文学史上最光辉的一页。因为它标志着“五四”建立的新文化大军队伍的发展壮大，在现代文学史上处于承先启后的历史地位……岁月不居，生命有涯，然而，他那些昭如日月的事迹，在似水的流年中，不应因时间的侵蚀、人事的代谢而有所磨损！

“100 多年前，马克思主义已经在溪口村传播。村里的青年知识分子在看《共产党宣言》、阅读进步文艺书刊，积极进步的观念唤醒了年轻的一代……戴平万故居纪念馆是溪口村的历史人文与红色之旅文化展示平台，为推动新农村建设提供学术支持。为创建生态宜居的乡村，村民们积极参加振兴乡村奉献自己的一份力量，忘我劳动——村民们是好样的！”该村妇女主任张楚霞微笑着娓娓道来。

光阴飞逝，流水常东，揣一份怀想，于凤凰溪观望，小船悠悠……现在，面对行色匆匆的生活，人与人之间都学会了伪装。而当年，戴平万坐上船儿，去寻求革命的道理，关心着国家的命运，走上革命的道路。花衬着绿叶/让美好停驻/唱响新时代/夕阳西下，三三两两的游人漫步观赏，含笑相语。溪口村的美，惊艳了整个季节，温柔了岁月，美醉了流年。参观着戴平万故居，看着图片、读着文字，我的思念又一次被勾起……

左翼铿锵玫瑰——冯铿

王　溱

冯铿原名叫冯梅岭，又名占春、岭梅。因为她名中有个“梅”字，世人喜欢把她比作傲雪红梅，以纪念这位“左联五烈士”中的唯一女性、这位不畏牺牲的文字斗士。只是没有人会留意，梅花从枝头掉落时是怎样的姿态；也不会有人看到，在漆黑的夜里她的眼珠瞪得何等浑圆。大概是自觉梅之韧性傲性尚且不够明志吧，她又自起笔名为铿，在革命的道路上，在文学的角落里，走出了一行短暂而又铿锵有力的脚印。

初次见到冯铿的照片，是在上海多伦路的中国左翼作家联盟旧址。当时我们一行人正静静参观，忽闻友人一声轻唤：“快来看，这个是你们潮州的呢。”我过去一看，正是冯铿。

早在1930年3月中国左翼作家联盟在上海成立时，冯铿就是出席成立大会的40余人和首批50多名盟员之一。照片上的冯铿，短发，圆圆的脸还带着稚气，头上斜戴着一顶圆圆的毛线帽，就连金属框眼镜也是圆圆的，整个人看起来就像是个不谙世事的女娃儿，很难想象照片里这个女孩竟能在纷乱的时局中有那么清醒的认识，更很难将她跟那些在扛枪扛刀摇旗呐喊的革命战士联系到一起。冯铿流传于世的照片并不多，这张应该是流传最广的，也是她刻在后人心中最清晰的形象。我留意到了她的短发、衬衫和领带，一副英姿飒爽的假小子装扮，我仿佛听到了她在说："我从不把自己当女人。"

身为一个女人，冯铿却不把自己当女人，那当什么呢？她拿起笔向迫害妇女的封建制度、封建礼教开炮，当起了捍卫女性的战士。她写了好些反映封建礼教对女性的迫害的文章，如政论文《破坏和建设》《妇女运动的我见》，短篇小说《月下》《一个可怜的女子》，诗歌《深意》《你赠我白烛一支》，散文《开学日》《夏夜的玫瑰》等，以一种最柔软的方式给予封建礼教以严厉的揭露和批判，达到以柔克刚的效果。

那一刻我忽然想到，比起梅，冯铿更像是一朵铿锵玫瑰。你不必急于质疑娇艳的玫瑰怎能比喻得了冯铿这样一位刚毅聪慧、充满革命斗志的女子，冯铿短暂的一生的的确确让我联想到还带着露珠的、含苞待放的玫瑰，更重要的是在她身上有着十分突出的玫瑰般的浪漫主义情怀。她个性张扬，敢爱敢恨，柔中带刚，可不就是一朵带刺的铿锵玫瑰？

冯铿的浪漫，主要体现在她的爱情与梦想上。

在那个时候，说爱情可不是件容易的事。她对自由爱情的向往，一方面是受她姐姐素秋的影响，另一方面也是自身性格使然。冯铿是幸运的，出生在富有教养的书香家庭，虽清贫，但她仍有机会可以接受教育、可以接触到当时的先进思想，并养成了乐于敞开胸怀、勤于思考的习惯。这让她得以从那些没机会进学堂、终日辛劳操持家事的潮汕妇女中跳脱出来，成为一个有独立思想的新女性。她才情横溢的姐姐素秋为了追求自由的爱情甚至不惜以生命来反抗整个封建礼教的事迹在潮汕曾家喻户晓，姐妹俩对爱情同样是充满浪漫主义情怀的，在她们眼里，爱情是鲜花，是雨露，是志趣相投和共同的理想抱负，而不是像其他妇女一样，遵从父母之命嫁给以物质或利益为基础的所谓"门当户对"的人。不管是早期与《岭东民国日报》记者许峨的志同道合，还是后期与柔石的革命爱情，冯铿的情感一直是自由的，奔放的，浪漫之花一直绽放着。

在梦想方面，冯铿的浪漫主义情怀表现得更为淋漓尽致。据记载，鲁迅初见冯铿时，也"疑心她有点罗曼提克，急于事功"，刚开始对她"很隔膜”，直至慢慢接触后才被冯铿实实在在的行动所折服，也被她的革命大无畏精神所感动。在冯铿不幸牺牲时，鲁迅沉痛地说：“我沉重的感到我失掉了很好的朋友，中国失掉了很好的青年。”

我觉得冯铿最浪漫的一点，就是坚信文艺可以改变世界。她憧憬着自己用手中的笔去改变现状，迎接共产主义的到来，到时这世界将没有压迫，没有剥削，人人都可以通过自己的努力去获得想要的幸福生活。正是这个梦想，支撑着她为革命付出不懈的努力。在汕头念中学时，她便开始写文章，办刊物，编话剧，演节目，以文艺的形式抒发自己的心声，后来又组织慰劳队慰劳国民党东征的战士、参加军民联欢大会等，直至后来写出了一篇篇富有战斗意味的无产阶级革命文学作品来。

冯铿是 1929 年春去到上海的，当时上海到处笼罩着“白色恐怖”，但生活的苦闷和事业的迷茫并没有让这朵含苞待放的玫瑰褪色，反而激起了她更为昂扬的斗志，文思如泉涌。去到上海以后，冯铿连续发表了好几篇小说，引起文坛瞩目，包括鲁迅先生。如在上海《女作家杂志》创刊号上发表了中篇小说《女学生的苦闷》前六章，在《北新》半月刊第 3 卷“新进作家特号”上发表短篇《遇合》，在《拓荒者》上发表《乐园的幻灭》《突变》等。她这个时期的作品有描写小知识分子的革命意识的，也有反映劳动人民的生活和斗争的，她的笔，已经深深地扎入革命斗争当中去了。坚定了信仰和方向，冯铿自此在实现伟大理想的道路上一路狂奔。

都说潮汕女子能干、贤惠，出生在海阳县云步村（今潮州枫溪云步村）的冯铿自然也不例外。只不过她的“能干”与“贤惠”有了更加丰富而伟大的外延。她手中的笔，点燃了人民心中的火焰，燃起了革命斗争胜利的希望，是为能干；她把对“家”的贤惠，上升到对“国”这个大家的贤惠，鞠躬尽瘁死而后已，是为大贤惠。

转眼冯铿已逝世 90 多年了，现代文学界大都是这样评价冯铿的——20 世纪 30 年代“中国新诞生的最出色的和最有希望的女作家之一”。斯人已逝，这个“最有希望”实际上就是留给后人的希望。作为一个同样热爱文学的人，诚以以上文字纪念这朵令人敬佩的铿锵玫瑰。

一寸山河一寸血　十万青年十万军

周小期

回顾中华近代史，无数先烈抛头颅，洒热血，一生都在为党和人民的事业不懈奋斗。先烈们的事迹，是超越文字、超越任何历史资料的精神传承。他们以生命为代价，用这份为中华谋复兴的精神追求，告诉我们，“实现中华民族伟大复兴，不是哪一个人、哪一部分人的梦想，而是全体中国人民共同的追求。中国梦的实现，不是成就哪一个人，哪一部分人，而是造福全体人民”。

当我们把视线凝聚在潮州，我们会看到潮州先辈们在最青春、最风华的年纪，为革命事业、为民族复兴献出生命。他们不代表哪一部分人，而是整个中华民族的缩影。

24 岁的青年在今天可能刚刚大学毕业，可在那个特殊的时期里，24 岁的林逸响已成为中共上饶区书记，负责着上饶区的农运工作。当时的县委机关设于温子良村，因敌探告密，敌军于 1928 年 10 日黎明前将温子良村团团围住。县委书记林逸响、县委委员詹锦云和乡农会主席林发等 18 名同志被捕。6 天后，他们被国民党军惨无人道地用铁线穿透手掌，受尽毒刑拷打，始终坚贞不屈。后来他们又被押到饶城下狱，接着被转接到大埔县城茶阳镇，9 月 11 日全部惨遭杀害。这就是震惊闽粤边的“温子良惨案”。

另一位青年更是将救亡图存、将革命事业刻进自己整个青春。他在中学读书时就积极参加学生救亡运动，年仅 14 岁就加入中国共产党。中学毕业后，他辗转奔波于潮安、揭阳等地，从事抗日救亡工作。1943 年春，他就读于由上海迁徙到福建建阳的暨南大学，并继续从事学生救亡运动。抗日战争胜利后，他回到上海，曾任暨大学生会主席，是暨大学生运动的领导人之一。由于多次领导学生运动，他的革命行动受到国民党反动派的监视。1947 年 5 月，经党组织决定，他离开学校，转移香港；同年 9 月又转到台湾彰化。抵台后，他继续从事地下革命活动。

1948 年初，他与妻子郑晶莹同时被捕。1948 年 5 月至 6 月间，他们由郑晶莹之父保释回大陆。多次辗转甚至被捕的坎坷并没有让他放弃革命事业，反而让他更加坚定信念，重新走上革命征途。1949 年 7 月，他在澄海沙美溪渡口被捕，并转押潮安监狱，在狱中受尽种种酷刑，仍坚贞不屈。8 月 28 日，他被杀于潮城南校场，牺牲时年仅 25 岁。他就是柯国泰，曾担任过人民解放军韩江支队第十一团龙连副指导员，后调中共潮澄饶平原工委，负责学运工作，并任《海啸》报编辑。

石辟澜先生同样是在人生最灿烂的时候，将生命献给祖国。1947 年 6 月，人民解放军由战略防御转入战略进攻，石辟澜主动要求参战，到大别山参加创建解放区的斗争。9 月，他到工作最艰苦的麻东地区任麻东工作队队长。11 月，由于当地出现反革命暴乱，石辟澜和警卫员被围，在战斗中壮烈牺牲，时年 36 岁。

石辟澜以文化作刃，一生致力于宣传革命文化，为引导广大人民群众积极抗战作出重要贡献。他曾与同学一起秘密组织读书会，后来参加广东文化运动总同盟。“文总”是当时中共领导下的外围秘密组织，经常传达党的文件，开展各种活动。他还根据党的指示，组织青年读书会，推销进步书刊，散发革命传单。后来他在香港的《大众报》当记者和编辑。这家报纸是民族革命大同盟主办的，为了便于开展工作，他直接加入民族革命大同盟，还参加组织香港救国会工作，成为“港救会”的主要负责人之一。

1936年冬，石辟澜加入中国共产党。他积极参加文化界的抗日救亡活动和抗战教育实践社的活动，经常到中山大学搞抗战讲座，并在工人队伍中做好建立党组织的工作。1939年初，他主办省委刊物《新华南》半月刊，经常宣传党的抗日民族统一战线政策，引导广大人民群众树立抗战必胜的信心，使《新华南》成为照耀华南地区革命斗争的一盏明灯。

这三位先烈只是潮州革命英雄的代表，还有无数的革命英雄写不尽、说不完。寥寥数语仅能够让我们粗浅地了解他们，他们艰苦的、坚毅的一生，更是我们无法想象的。中国人民素来有着深沉厚重的精神追求，即使近代以来饱尝屈辱和磨难，也没有自弃沉沦，而是始终怀揣梦想，向往光明的未来。作为新时代青年，我们更应该从先烈们的事迹中汲取营养，传承中国精神。这份精神是用一生诠释爱国主义，这份精神是将个人理想融入中国梦，这份精神是同祖国同舟共济、奋勇前行。

历史告诉我们，我们每个人的前途命运都与国家和民族的前途命运紧密相连。只有每个人都把人生理想融入国家和民族的伟大梦想之中，才能汇聚成实现中国梦的宏伟力量。

中华民族的昨天，是“雄关漫道真如铁”。中华民族的今天，是“人间正道是沧桑”。中华民族的明天，是“长风破浪会有时”。

我们每个人都是中国梦的参与者、书写者，我们都应为实现中国梦而努力，我们都要将中国精神薪火相传，激励一代又一代的中华儿女为祖国繁荣发展而不懈奋斗。

碧血忠魂林妈陂

吴奕东

○
○
○
○
○
○
○
○
○

前记：春光中解读一块碑

春光，解读一块碑
碑文，渗出血腥
古榕为证
只是，只是枯了的心
难以进入故事
林妈，慈祥
修渠筑陂
流水流不尽的往事
汇入隆隆的炮声

旧寨，弹孔，断石
旧时光挤出老区精神的汁液
宏大叙事化为灰烬
一层层坚硬包裹

琥珀滴下

火光冲天
一个个高大的身影
如松柏屹立

举起心中的火把吧！

林妈陂，登塘镇一个偏僻的村庄，于嘉靖三十年建村，村名因林妈母女筑陂蓄水而名，全村有曾、刘、高、张、郑、王、潘、陈、李等姓，是一个传统的农耕村庄。如果不是20世纪初那场轰轰烈烈的农民运动，或许，人们早已记不住“林妈陂”这个村庄了。

这个有着二十三位烈士的红色村庄，葳蕤的竹林，背靠的青山，无不散发着老苏区的气息。她在潮州城西面，离城三十里。西溪流水，把林妈陂分成南、北两边，即现今的林一村和林二村。

“一九二七这一年/蒋匪叛变的时期/林妈陂乡被烧杀/遍地尸血湿淋漓/革命同志被杀死/全村老幼逃走离/人走火再烧/全乡成平地/只存一枞老榕树/活活青青在溪墘/溪水源长流不尽/榕树根深烧不死/只要有了共产党/人民生死都坚持/乡散心不散/人死心不死/联合别乡的群众/买刀买斧买枪支/永远跟着共产党/有朝一定会胜利。”

当唱起这首老歌时，林妈陂的村民眼中含泪，那散乡的情景仿佛历历在目，血泪簌簌落下。

林妈陂的村史，就是一部血泪的革命斗争史，是千千万万农村革命故事的重要组成部分。

曾几何时，烽火硝烟起，在潮汕大地上，农民运动如火如荼轰轰烈烈掀起。那是1925年的春天，林妈陂的人民在党代表的领导下，在王厝祠成立了第一个红色革命政权林妈陂农民协会，领导乡村的农民运动，由张希龙任主席，郑亚城、张龙添、郑丁位、张福星、王耀声任委员。同时成立了林妈陂第一支武装队伍农会赤卫队，共一百一十六人，由陈运通任队长，下管三个中队，郑亚鹄、李真林、郑亚城分别为中队长。

于是，宁静的山区小村庄掀起了“减租、减息，打倒土豪劣绅，打倒贪官污吏”的农民运动高潮。声势一浪高过一浪，土豪劣绅吓得战战兢兢，躲的躲，避的避，他们到处寻找国民党官军的佑护。正所谓官逼民反，受压迫受剥削的底层农民，高唱《赤卫队之歌》“咚咚咚/田仔骂田公/田公食白米/田仔饿到半讨死/坐者倒好/做者倒无/农夫啊你易愚/锄头与镰刀/同有斗到无”，连同赤卫队队员雄赳赳，气昂昂。一时间群情振奋。

林妈陂农民被压抑的怒火熊熊燃烧起来，那时村里的耕地大部分被土豪、官僚所占有，林妈陂人民佃田耕种当佃户；在那“长夜难明赤县天”的日子里，农民生活凄苦，被迫绝户的有十二户，卖儿卖女的有八十四户，逃荒求乞的有八十九户，寡妇被迫改嫁的有十四人。一切的一切，都是国民党反动政府“赐予”的灾难。

1927 年 9 月，正当林妈陂村农民运动轰轰烈烈开展时，潮汕也传来革命的好消息：周恩来带兵进驻潮州城。党代表谢汉一听了欣喜若狂，暗想：好啊，如果有起义军，有周恩来同志的领导，农村革命将走向一个光明的前途！于是他带领林妈陂赤卫队，高举着“林妈陂赤卫队”大旗，到潮州西湖迎接起义军，周恩来同党代表谢汉一握手，亲切地询问赤卫队的情况。

周恩来同志紧紧握住谢队长的手：“林妈陂近况如何，农民兄弟还好吗?”

“好，好啊，在党中央的领导下，我们认识到了农民革命的重要性！如何斗争，还请上级指示。”

“辛苦你了，农村的革命，是场艰辛的斗争，要充分动员群众啊，谢队长!”

“周委员，只是我们现在力量还小，装备不足啊!”

“那就从邻近的村镇开始发展吧。”

当夜，在周恩来同志的指示下，周谢二人周密地策划，红军连同林妈陂赤卫队，攻打了潮安第一个伪据点浮洋乡公所。趁着夜色的掩护，战士们悄悄朝乡公所集结。敌人还在睡梦中，当第一声冲锋号响起时，李亚猴冲锋在前，高喊："同志们，冲啊！"宁静的夜晚被尖锐的枪声、震撼的呐喊划破，乡公所的伪军惊慌失措，匆匆提枪抵抗。有的抱头鼠窜，有的来不及抵抗就被虏获。此时，冷不防一颗子弹飞向李亚猴，击中要害，李亚猴仰面倒下，战友们连忙回击，把开枪的伪警察打死。胜利了，此战打死伪警察三人，缴获步枪三十六支及弹药一批。同志们纷纷向战友遗体敬了个军礼，枪声鸣响在刚刚结束战斗的乡公所上空。有人在呜咽哭泣，有人蹲下身来抚摸着已冰凉的尸体，潮州这片热土洒下了烈士的鲜血。

第二天，起义军和赤卫队为李亚猴举行追悼会；起义军扛着李亚猴彩棺棺木，从中山路入，直落大街，到南春路春城楼返回西湖。一路上，革命群众不约而同地来辞别亲爱的战友，林妈陂的亲人更是悲痛万分。李亚猴被葬于西湖山，墓穴前用木板代碑写上"林妈陂赤卫队员，李亚猴之墓"。

周恩来带兵进驻潮州，只住了七日时间就北撤，这在潮州革命斗争史上称为"潮州七日红"。

起义军北上，留下起义军教官李英平和吹号手蔡谢规，在林妈陂领导赤卫队继续进行革命。

形势越来越严峻，斗争越来越激烈。国民党终于意识到林妈陂革命力量的威胁性，毕竟星星之火，可以燎原。于是在1928年2月5日，国民党任命粤东"剿匪"司令顾光华为总指挥，第二次"围剿"林妈陂。顾光华原是赤卫队员，后来受不了威迫利诱，转投国民党，任"剿匪"司令，国民党利用他对赤卫队及邻近地区地形地貌较熟悉的优势，让他带兵来袭。林妈陂赤卫队因势而发，利用复杂的地势和曲折的村道，诱敌深入，迂回作战，设伏阻击，打退了国民党"剿匪"军。顾光华见形势不妙，仓皇逃窜。说时迟，那时快，郑木谦举起梭镖，插入顾光华的胸中，鲜血一下子淋漓喷出。顾光华大喊一声，倒地身亡。村民痛恨顾光华此等残害革命的败类，恨不得把他剖腹切胸，啖其心，食其肝。

林妈陂赤卫队初捷，引起了国民党疯狂的反扑，增派兵力，分东、西、南三路包剿林妈陂，这注定是一场恶战。林妈陂人民在共产党领导下，掀起了“人人参战，保卫农会，保卫家乡”的保卫战，可惜敌强我弱，力量悬殊，赤卫队旗手郑木春被捕，八名队员牺牲。后来党代表谢汉一、陈文光等被捕，在南较路被杀害。轰轰烈烈的农民运动就这样在反动势力的“围剿”下被扼杀了。

林妈陂革命斗争失败后，剩下 96 名赤卫队员，转移到枋树员村，进行赤卫队整编。整编完毕，党代表被党组织调回，走上新的战斗历程，留下起义军教官李英平和吹号手蔡谢规领导林妈陂农民运动；随后，李英平带领赤卫队，攻打登塘伪民团主任郭进元住厝和登塘伪区署，均取得胜利，影响更大。

“星星之火，可以燎原”，大潮汕的革命之火，随林妈陂的农民运动愈烧愈烈，从登塘蔓延开来，一遏不可控制。“围剿”，不能毁灭人民的革命热情；散乡，不能赶走革命的希望。

国民党进行了疯狂的报复，进村之后，烧毁了全村 960 多间民房和 5 座祠堂。全村一时间火光冲天，哭喊连连，旱日的家园，一片焦土。“林妈陂乡被烧杀/遍地尸血湿淋漓/革命同志被杀死/全村老幼逃走离/人走火再烧/全乡成平地”，村民四散逃亡，流离失所。那惨况，目不忍睹！望着那片火海，村民一步三回头，别了家乡，别了亲人，别了，林妈陂！泪水映着火光，伤痛凝成了琥珀，深埋心底。

如今，四块花草石刻静静地躺在祠堂内，她们原本高高在上，嵌在李氏祠堂的门肚。曾经，她们曾是苦难的亲历者、历史的见证人。风雨的侵蚀没能毁坏她们，血腥与火热没能压垮她们，一如革命的信仰，坚如磐石！

1928 年 7 月，国民党害怕林妈陂人民长期在外，扩大革命影响，传播红色真理，动摇他们的统治，因而，伪潮安县政府出榜安民告示，允许林妈陂人民回乡。下面，是伪县长李笠农当年的募捐启事：

代李县长安集林妈陂乡民募捐启

一九二八年

盖闻除暴安良，国家之善政；扶贫济困，君于之存心，是以去草防滋蔓之唯图，复巢遂完卵之不计，泾缘渭浊，蕙共萧锄；第无两全，事非得已。若潮安林妈陂乡者，盖可愍者。曩共党煽祸，诱胁乡里，一夫随波，阖村受累，虽薰莸之臭味各异，而耳目之白黑易淆。……

林妈陂人民又投入重建家园的活动中来，但是历史的见证——一树、一庙、四块大石保留了下来，时刻提醒人们“前事不忘，后事之师”！

红光

——咏陈宗如

黄　娜

。
。
。
。
。
。
。
。
。

沧桑爬上了坍圮的墙
暮色蔓延了荒草里的旧日时光
寂寞的老屋哟
谁知道它曾伴着一个寂寞的
寂寞的——
战士的娘

大漠深处的胡杨
闪烁着倔强的红光
战士的老母亲哟
你可曾知道你日思夜想的儿子
便是我们心中那一抹永恒神圣的光芒

他是来自粤东之地的朝阳
温暖的光与热孕育着革命火种

给生活在苦寒黑夜里的劳苦人民带来希望
他是蛰伏在阴冷囹圄里的春雷
只等敌人露出粉面油光里的刺爪
便义无反顾爆发震天一响
直把人间醒了个遍，惊怯那虎豹虫狼

当易水的风把壮烈吹向南陇
他只是慷慨一笑，单枪匹马哟闯进那苍凉一刻
那一刻的他竟将自己化为了戈壁滩上的血色夕阳
啊！战士的老母亲嘿
那一刻你的胸口是否如裂开的深谷般狠狠地——
狠狠地疼啊

枫溪的花朵闪着泪光
谁用尽一生孤独地老去
浑浊的双眼却骄傲地含着泪，把苍穹里那抹年轻的身影遥遥凝望
宇宙深处的红光啊！
你永远永远——
辉煌

国泰佑民安

潘金华

白墙青砖，飞檐灰瓦
巷道狭窄而深邃
刘察巷十二号
湘桥西平的铿锵忠骨

看那霓虹璀璨
曾经荒凉昏暗
居安思危的墙壁
忧虑在灯火里摇曳

反饥饿、反内战、反迫害
绑推搡掐三合水
国与家难两全
澄海上空哀嚎
苍天为之垂泪

热血沸腾在花样的二十五

万古长青，永垂不朽
西湖佑国泰，国泰佑民安
轻揽华侨骨血，追寻壮士足迹
复活先烈英魂，传承千年节气

忘怀是逝去的殇
铭记是活着的欢
重任的火炬交到我们手里
我们在不落的星系追随你

百年波儿，上流淙淙

洪健生

“中国影坛，演话剧的艺人，潮水似的卷进来，波儿就是其中的一个‘波儿’。”

用“波尔塞维克”取名的女孩，还有一个
让人怦然心动，又动听又响声的名字——“舜华”。

百年中华，百年赤子，百年木槿，百炼成钢，波澜动远空。
远空也是近空，银波也是洪波，更是铁流。

从南粤到太行，从韩水到浦江，从岭东到延河，从秦岭到淮海。
波儿是一个波滟接一个波滟，那年的一个波折又接着一个波折。

那年，接受儿童妇女救亡的洗礼，
那年，接受“左翼”“左联”的民主救亡的洗礼，
宋庆龄、何香凝、邹韬奋、冼星海、洪灵菲、冯铿、戴平万、陈波儿、

柯柏年、梅益……

阵容强大，波澜壮阔，百年不遇，百年基石，波儿和他们都波澜不惊，未曾退却。

那年花开四月的家国，那年花开月正圆的地方。

百年波儿，百年艺术功臣。绿水青山伴随，她和金山银山在一起。

“待到山花烂漫时，她在丛中笑。”

她是万绿西湖的水，她是万绿西湖的山。

公园的绿叶红花丛中，百年的红绿相映，人民为你塑像，家乡为你读诗。

人民艺术家陈波儿汉白玉雕像神采奕奕，笑容可掬。

神态安详，侧分短发，身着军装，深邃的目光凝视前方。

前来朝圣般的庄重，波儿在你我的心田澎湃着，激荡着，冲击着。

波儿是一座座红墙绿瓦，波儿是一排排水欢鱼跃。

波儿是“两个一百年”，波儿她已荣归故里。

波儿她永不凋谢，波儿她永载史册。

百年波儿，故里承载着你的前方，也承载着你的凝视的远方。

百年波儿，你在远方。百年波儿，正上流淙淙。